TRAITTÉ

DES

EMBOVCHEVRES;

QVI DESCOVVRE AV PVBLIC
la plus certaine & facile Methode pour reüffir en
l'Art de bien brider & emboucher les Cheuaux,
pour la iuftefle de leur Maneige , pour les Coureurs de chafle , & pour ceux qui font voyage, afin
de leur bien afleurer & conferuer la bouche.

ENRICHY D'VN RECVEIL DE PLVSIEVRS
belles Remarques, auffi curieufes que neceffaires à tous ceux
qui ont deffein de réüffir en l'Art de monter à Cheual, & de
dreffer des Cheuaux; Le tout tiré de diuers excellens Autheurs,
pour l'inftruction de ceux qui cheriffent cét Exercice.

Par Meffire SAMVEL FOVQVET Efcuyer , Sieur de Beaurepere,
Gentilhomme natif d'Anjou,Efcuyer de la grande Efcurie du Roy.

DEDIE'
A Son Alteffe Monfeigneur le Duc de Guife.

❧❧❧

A PARIS,

Chez IACQVES LE GRAS , au Palais , à l'entrée de la Galerie
des Prifonniers.

M. DC. LXIII.
AVEC PRIVILEGE DV ROY.

(3)

A SON ALTESSE
MONSEIGNEVR
LE DVC
DE GVISE

MONSEIGNEVR,

Ayant trauaillé à cet Ouurage,
auſſi bien pour l'vtilité publique,

á ij

EPISTRE.

que pour la commodité des Princes , & de toute la Noblesse Françoise & Estrangere ; i'ay crû que ie
ne le pouuois dédier qu'à vn Prince , dont la Naissance & les hautes Vertus luy peussent donner quelque prix , afin de le faire voler par
tout l'Vniuers sous vne protection
si illustre. C'est pourquoy , MON-
SEIGNEVR , i'ay pensé que
pour ne donner point de ialousie à
tous les Grands de l'Europe , il
estoit absolument necessaire que ie
fisse élection d'vn Prince , dont le
Sang fust meslé auec celuy des Em-
pereurs & des Roys ; & qui posse-
dast en sa personne les qualités que
la Nature & l'Art ont departy à

EPISTRE.

VOSTRE ALTESSE auec tant d'a-
uantage, que l'eloquence mesme auroit assez de peine à le bien expri-
mer. Ces raisons, MONSEI-
GNEVR, ou plûtost ces merueil-
les connuës d'vn chacun en particulier, & admirées de tout le monde, ont inspiré à mon genie vne
ferme resolution de jetter les yeux
sur VOSTRE ALTESSE, pour
luy offrir, auec le cœur de l'Au-
theur, la Science qu'il s'est acquise
auec peine & labeur, depuis tren-
te ans qu'il fait profession d'enseigner l'exercice de monter à Cheual à vne bonne partie de tout ce
qu'il y a de Princes & de grands
Seigneurs, tant en ce Royaume, qu'és

Pays les plus esloignés. Ie ne m'ar-
resteray point, MONSEIGNEVR,
a décrire ce que l'Histoire m'a appris
de vostre illustre Origine, puis que
tout le Monde sçait que les Princes
de la Maison d'Alsace (dont celle
de Lorraine est descenduë) ont con-
té des Roys entre leurs parens, il y a
desja plus d'onze ou douze cens ans.
Ie ne parleray point encor de ces genereux Princes, non plus que de ces
illustres Parens, qui ont planté la
Croix dans la Palestine, & comba-
tu l'Heresie dans cette Monarchie.
Ie ne vous entretiendray point aussi,
MONSEIGNEVR, de ce pre-
cieux Sang, espanché iusques à la
perte de leur vie, pour le seruice de

EPISTRE.

nos Roys , dans les Batailles , &
dans les Sieges des Villes de la Ro-
chelle , d'Orleans , de Montauban
& d'Arras , où la derniere de toutes les generofités des Valois & de
Bourbon , a marqué de ce noble Sang
leur naiffance , leur valeur , & leur
continuelle fidelité. Ie me contenteray , MONSEIGNEVR , de fup-
plier tres-humblement VOSTRE
ALTESSE de receuoir ce petit prefent que la grandeur de vos Vertus anime , de celuy qui voudroit
auoir autant de puiffance , qu'il a
de courage , pour publier à toute
la Terre qu'il eft glorieux de viure ;
mais qu'il luy fera encor beaucoup

EPISTRE.

plus auantageux de mourir, lors que vostre bonté luy aura permis de se dire,

De Vostre Altesse,

MONSEIGNEVR,

Le tres-humble, le tres-obeissant,
& tres-fidele seruiteur,
DE BEAVREPERE.

AV LECTEVR.

E vous auoüe, mon cher Lecteur, que ce que i'ay à vous dire touchant l'Art de bien Emboucher les Cheuaux, me trouble, choque mes sens, & donne vne inquietude sans pareille à mon esprit, d'autant plus grande, que i'entreprends de traitter vne matiere autant delicate, comme elle est épineuse ; & autant difficile, qu'elle est suiette à estre contrariée des sçauans, & des ignorans.

Si ie parle hardiment, & selon l'experience que i'ay faite depuis le long-temps qu'il y a que ie trauaille pour en departir quelque chose d'vtile au public, on ne manquera pas de m'accuser de vanité.

Si ie parle aussi auec quelque timidité, on croira que mon peu de sçauoir en cét Art, en sera la cause, & dessors on m'accusera d'ignorance.

Si ie contredits ceux qui ont écrit deuant moy, on croira infailliblement que ie pretens passer pour vn Oracle nouuellement éclos en ce Siecle.

Et enfin, si ie veux me ranger à tenir le milieu entre les opinions qui nous ont parû de tout ce qui en a esté écrit;

On me prendra pour vn complaisant, pour vn flatteur, & pour vn homme qui chancelle, n'étant pas bien asseuré de sa science, non plus que de ses pensées. Voilà, mon Lecteur, partie des Reflexions, qui m'ont donné autant d'inquietude, que de peine, & qui eussent sans doute empesché ce mien la-

é

beur de voir le iour, si le commandement absolu
d'vne personne d'éminente qualité, n'eust r'asseuré mes esprits, & donné de la hardiesse à ma plume
par l'ordre pressante que i'ay receu de son Altesse,
de le faire paroistre sous sa protection, qui est assez
puissante pour l'empescher de craindre les langues
pleines de venin & de médisance, ny mesme les
orageuses foudres de leur insollence, puis que la
bonté de cette genereuse ALTESSE a bien daigné
le proteger, & le mettre à l'ombre de ses Lauriers.

C'est cette Puissance superiéure qui m'a fait prendre vne resolution ferme & sans crainte, vne façon
de parler hardie, vne maniere d'écrire sans temerité,
vn stile sans fard, vne demonstration aisée à conceuoir, vne instruction facile, & enfin vne moderation en mes écrits, qui fait clairement voir que
tout mon procedé est sans aucune austentation ny
vanité, puis que ie n'auance rien que ie ne preuue,
& que ie n'écris aucune chose sans demonstration.

Sans estre porté d'autre motif que l'vtilité que
i'espere que toutes sortes de personnes en pourront
receuoir.

Ie croy que les plus sçauans y trouueront peut-
estre quelque chose à apprendre.

Que les mediocres y réüssiront asseurément, s'ils
suiuent le chemin que ie leur ay tracé en ce petit
œuure.

Et en vn mot, toutes sortes de personnes pourront
emboucher leurs Cheuaux, sans autre ayde, ny gui-
de que celuy que ie leur enseigneray en la suitte de
mon Discours.

L'ordre que i'établis en traitant cette matiere, est autant vtile que necessaire.

Les auis que ie donne, sont pour ne dire pas infaillibles, ils sont du moins les plus certains.

Les six branches dont ie me sers, est tout ce qu'il y en peut auoir, du meilleur effet, & le plus en vsage.

Pour mes Emboucheures, qui sont au nombre de quinze, ie les reduits par ordre de cinq en cinq.

Les cinq premieres, sont toutes douces.

Les cinq suiuantes, font vn mediocre effet.

Et les cinq dernieres se peuuent dire rudes, & violentes; c'est pourquoy il en faut vser auec grande moderation & discretion, ne s'en seruant qu'à la pressante occasion.

Asseurant par auance, mon Lecteur, comme ie fais encore en deux ou trois autres endroits de mon Traité, que ces six Branches, & ces quinze Emboucheures, bien entenduës & bien concertées auec leurs Branches, construiront des Mors pour bien emboucher toutes sortes de Cheuaux.

Pour les instructions generales que ie donne, ie ne pense pas qu'elles puissent estre plus ponctuelles, ny plus precises, comme ie ne m'imagine pas que l'on puisse parler plus intelligemment des effets des Branches, tant à prendre le tout en gros, qu'en les examinant en leur détail.

Pour les Emboucheures, ie les définis si intelligiblement, que les plus grossiers pourront connoistre leur vsage.

Ie n'oublie pas de parler des meilleures & plus modernes Gourmettes, de leur vtilité, ny de la scituation où elles doiuent eftre placées, non plus que de leur façon, pour ne bleſſer pas le Cheual exterieurement.

I'ay encore voulu détacher ce petit Ouurage de la derniere opinion de ceux qui ont écrit des choſes ſi confuſes & ſi obſcures, qu'il eſt bien difficile de les comprendre; ce que ie n'ay pourtant pas fait, par vne creance, que mes deuanciers ayent manqué de ſuffiſance: ce n'eſt point du tout ma penſée.

C'eſt ſeulement que ma façon d'écrire m'a ſemblé plus intelligible & plus familiere pour l'inſtruction de toutes ſortes de perſonnes, m'étant principalement attaché à pouuoir faire entendre au public les Mors les plus commodes & les plus vſitez, & qui fâchent le moins les Cheuaux.

Comme i'ay auſſi voulu éuiter cette quantité ſuperfluë & inutile confuſion de tant de ſortes de Branches, & d'Emboucheures; Et auſſi de beaucoup de termes barbares & inconnus à quantité de gens, m'étant contenté du neceſſaire ſeulement, ſans m'embarquer dans vne mer orageuſe, où l'on pourroit aiſément faire naufrage par des confuſions ſi embroüillées, que l'on trouble pluſtoſt l'eſprit que l'on ne le met dans le chemin de bien réüſſir en cét Art.

Si bien que ceux qui voudront ſuiure ma methode, le pourront faire auec facilité.

Cependant ie ſupplie mon Lecteur de croire que toute la peine que ie me ſuis donnée, n'a eû pour fin que de bien inſtruire le public, ſans fard, ſans déguiſement, & ſans aucune obſcurité.

AVANT-PROPOS.

Ⓘ L est tres-constant, & l'experience l'apprend chaque iour à toutes sortes de personnes indifferemment, que tout ce qu'il y a au monde de plus certain, se trouue quelquefois faux, & que toutes les regles sont bien souuent déreglées par les deuers accidents, qui causent des choses extraordinaires, & des changemens de nature qui nous sont inconnus, & que nous ne pouuons preuoir, & i'ose bien asseurer que cette proposition est autant veritable en l'Art d'emboucher les Cheuaux, qu'en aucun autre Art, soit liberal ou mécanique.

C'est de là que ie tire cette consequence, & dis que comme l'on peut bien souuent estre surpris & trompé en ces opinions, que l'on peut aussi equitablement les soustenir, par les viues & pressantes raisons, qui nous font de plus prés approcher le vraysemblable : Ce sont les Reflexions qui m'obligent de dire en cét Auant-propos, que i'ay curieusement recherché & feüilleté tous les Aûtheurs qui sont venus à ma connoissance, & qui ont traitté des Embouchures des Cheuaux, sans en auoir trouué aucun qui en aye parlé approchant, ny de la methode que i'ay obseruée en ce petit Ouurage : Ce n'est pas que ie veüille auancer & dire, que ceux qui m'ont precedé en cét dessein, bien loin d'estre moins éclairez ou sçauans que moy en cét Art, ayent commis des manquemens ou des fautes en tout ce qu'ils ont mis au iour ? non ; C'est ce qui ne peut ny ne doit tomber dans mon imagination ; Au contraire, ie confesse auec soûmission & bassesse, qu'il n'y en a aucun qui ne soit plus sçauans, plus éloquent, & beaucoup plus intelligent que moy, qui ne pretend passer que

AVANT-PROPOS.

pour *simple nouice*, en comparaison de ces *Illustres*, qui font voir par leurs doctes Escrits, qu'ils ont blanchy dans un trauail perpetuel, qu'ils ont tiré la quint'essence de cét Art ; & enfin qu'ils font venus à bout de ce que l'on croyoit impossible.

Mais dira quelqu'vn, quel est donc vostre dessein, car où il n'y a rien à redire ; il faut de toute necessité en demeurer là. Et il semble que ce soit vanité de chose superfluë, de vouloir commenter sur vne chose qui a esté si doctement traitrée, qu'il n'y a plus rien à y adjoûter. Ie confesse qu'il est vray, & ie ne puis rien opposer à vne chose si veritable.

Mais auec ces distinctions, c'est que ces Doctes ont escrit sçauamment & obscurement : Et moy i'ay parlé familierement, auec facilité, & intelligiblement.

Les autres ont escrit des formes, des dimentions, des proportions, & autres choses semblables, sans donner aucune connoissance de ce qu'ils ont escrit.

Et moy ie me suis estudié de donner le moyen à tout chacun de penetrer dans mes conceptions. Les autres ont donné des moyens d'emboucher les Cheuaux, mais auec l'aide des bons Caualiers: Et cela est tres-bien raisonné.

Mais supposé qu'il n'y a pas en tous lieux des hommes capables ? Faut-il que le Cheual ne soit pas embouché. Et moy, pour preuenir cét accident, i'ay cherché des Mors propres, qui pourront vray-semblablement emboucher toutes sortes de Cheuaux, & qui leur seruiront asseurément pour les bien guider, sans les blesser, & sans qu'il leur arriue aucun desordre.

Les autres, pour estre trop sçauans, ont tant cherché de precautions aux Branches, aux Emboucheures, & aux Gourmettes, que cette confusion les a renduës, pour ne dire pas, inutiles : On peut dire auec verité qu'elles sont fort incertaines.

Et moy ie me suis contenté d'aduertir celuy qui a dessein

d'eboucher vn Cheual, de quelques briefs moyens qu'il faut qu'il fuiue pour y bien réüffir.

Plufieurs ont encor efcrit fi confufément, & auec tant d'incertitude, qu'il feroit befoin qu'il retournaffent au monde pour déuelopper leur enfeigne.

Et moy i'ay donné peu de Branches, & peu d'Emboucheures ; mais elles font tres-aifées à conceuoir, & de fort facile connoiffance.

Les autres ont efcrit pour les fçauans.

Et moy i'enfeigne toutes fortes de perfonnes.

Les autres ont penfé s'immortalifer par la quantité & abondance d'vne infinité innombreufe, tant de Branches que d'Emboucheures, qui troublent pluftoft qu'ils n'inftruifent.

Et moy i'ay fait vn racourcy de tout ce qu'il y a d'vtile & de profitable.

Plufieurs fe promettent beaucoup de leur diuerfité de brides, qui produifent d'ordinaire peu d'effet.

De moy, ie ne promets que ce que pour les reigles generales bien concertées.

Et ie donne en mefme temps tout ce qu'il y a de plus certain & de vray-femblable en cét Art.

Enfin il s'en trouue beaucoup qui ont efcrit auec grande incertitude, difans tantoft d'vne façon, & auffi-toft de l'autre, fans que l'on puiffe affeoir aucun iugement affeuré en ce qu'ils ont enfeigné.

Et moy ie ne me départs iamais des raifons que i'ay données pour baze & veritable fondement, non plus que de la folidité de mes preceptes.

TABLE DES TITRES.

TRAITTE'

TRAITTE

DES

EMBOVCHEVRES:

*OV IL EST ENSEIGNE'
la methode la plus aifée & la plus intelligible
pour bien réufsir en l'Art d'emboucher
les Cheuaux.*

TOVT le Monde demeure generalement
d'accord, que l'exercice de monter à
Cheual eſt l'vn des plus beaux & autant
agreable, comme auſſi le plus vtile de
ceux qui ſe profeſſent parmy les perſonnes d'emi-
nente qualité : verité de laquelle on ne peut dou-
ter, puis que c'eſt le diuertiſſement ordinaire des
Roys & des Princes, comme l'embelliſſement &
le ſouſtien de leurs Royaumes, de leurs trophées,
& encor de leurs ſacrées Perſonnes.

Mais dautant qu'il n'y a choſe au monde, ny
meſme les plus beaux objets, pour tels & conſi-

A

derables qu'ils puissent estre, qui n'ayent quelquefois besoin d'vn second Agent qui donne lustre
& esclat à leurs perfection; i'estime que l'on ne me
iugera pas digne de blasme , si i'ose asseurer auec
beaucoup de raison, que ce bel Exercice trouuera
vn acheuement parfait à sa beauté , lors que l'on
joindra auec luy l'art de bien brider & emboucher
les Cheuaux.

Proposition qui doit estre d'autant mieux re-
ceuë , qu'elle se trouue facile à prouuer.

Car s'il est vray de dire que le Cheual est guidé
& conduit par la bride ou le frain qui l'assubjetit
à la volonté du bon Caualier. Il faut de necessité
tirer cette consequence infaillible , que la conduite de tel Cheual que ce soit, ne peut dépendre que
de deux choses, à sçauoir la bonne bride , & la sça-
uante main du Caualier bien entenduë ensemble;
de telle maniere que l'Escuyer , par sa science aidée & concertée de la main , fasse paroistre le Cheual de bonne grace , en belle posture , ayant la
teste droite , ferme & bien placée ; ce que l'on
appelle porter en bon lieu : C'est aussi ce qui donne absolument l'agrément & la beauté à toutes
sortes de Maneiges , de tel air que ce puisse estre,
soit terre à terre ou releuez, que si ma proposition
se trouue veritable, comme ie ne vois pas qu'il y
aye beaucoup d'apparence de la contrarier.

Il me semble que i'ay eu raison , dans le dessein
que i'ay de tracer vn Traitté de la connoissance

d'emboucher les Cheuaux , de faire lire ce petit
Auant-propos , premier que de donner des preceptes , les meilleurs & les plus certains, dont mon
efprit & mon experience pourra eftre capable ,
pour faire conceuoir le plus clairement & le plus
fuccintement qu'il me fera poffible, le deffein que
i'ay de donner quelque chofe au public , qui luy
puiffe eftre vtile & agreable.

Et pour y commencer , ie donne en premier
lieu pour auis & confeil infaillible , à celuy qui
aura deffein d'emboucher tel Cheual que ce foit,
de confiderer fa taille , la groffeur de fa tefte , la
forme de fon encoleure ; s'il eft chargé d'efpaules, ou s'il les a petites & fines; s'il a la braye large
& bien ouuerte ; s'il a le canal eftroit, s'il a la
la fous-barbe maigre & defcharnée, ou fi elle eft
efpaiffe & fournie de chair; s'il a la bouche grande
ou petite, qui eft à dire bien fenduë , ou peu fenduë ; s'il a les barres rondes ou aiguës ; s'il fe deffend des lévres , ou s'il les plie dans fa bouche;
s'il a la langue groffe ou petite , s'il fe deffend du
canal , s'il rengorge fa langue, ou s'il la paffe par-
deffus l'emboucheure; s'il force la main , s'il tire la
langue, s'il a la bouche tendre , s'il bat à la main,
s'il a la bouche fauffe, s'il a l'encolleure couppée
ou renuerfée ; s'il a bonne force, s'il a les iambes
de deuant bonnes, & fur tout s'il a bon pieds: c'eft
à dire, s'il s'appuye bien deffus , fans tafter ou flé-
chir fur la terre , ny fur le paué.

A ij

Il faut encor remarquer, qu'outre tous les deffauts naturels qui peuuent rendre la bouche du
Cheual mauuaife, il y en a encor quelques-vns
qu'il faut fçauoir, & les connoiftre.

Quand il a mauuais pieds & mauuaifes iambes,
il a rarement la bouche bonne, dautant que ne fe
fiant pas à ces iambes, il s'appuye & pefe fur les
mors, & fi abandonne.

Comme auffi lors qu'il n'a point de force, il a
auffi rarement la bouche bonne.

Lors qu'il n'a pas les hanches bonnes, & qu'il eft
fur les efpaules, il ne peut auffi auoir la bouche
fine : il y en a auffi qui ont mauuaife bouche, ou
qui la femblent auoir par la trop grande ardeur
qu'ils ont; il y en a encor qui l'ont mauuaife par le
defefpoir que l'on leur donne, en les trop battant
ou preffant; & finalement il y en a qui l'ont encor
mauuaife par leur lafcheté & poltronnerie.

Il faut encor auoir vn foin tout particulier à
voir que la bride, le mors & l'emboucheure que
vous ordonnerez corresponde, & foit bien proportionnée à la taille du Cheual que vous defire-
rez emboucher ; car de donner vn petit mors à vn
grand Cheual, ou par le contraire de donner vne
grande & forte bride à vn petit Cheual, ce feroit
chofe auffi mal entenduë que defagreable.

Si le Cheual à la tefte petite, l'encolleure affez
longue & bien tournée, il aura vray-femblablement la bouche bonne ; il luy faudra donner vn

mors doux & proportionné à fa taille.

Si au contraire il eſtoit chargé de teſte & d'encolleure, qu'il euſt les barres dures & charnuës, il
aura apparamment la bouche forte ; c'eſt pourquoy on luy donnera vne bride auec la branche
aſſez forte, l'emboucheure vn peu rude & proportionnée à fa taille.

Si le Cheual fe rencontre mediocre en fa taille,
& en la groſſeur de ſon encolleure & de ſes eſpaules, ayant la teſte petite, l'encolleure bien tournée, & tant ſoit peu en arc & col de ſigne, &
qu'il ne manque pas de force, il fera tres-facile
à emboucher, & tous les mors doux luy feront
propres.

S'il a la bouche aſſez fenduë, les eſpaules petites, les barres fines, le canal aſſez large & vn
peu longuet, il fera auſſi tres-facile à emboucher,
& fe bridera aiſément.

Mais lors qu'il aura les eſpaules groſſes & charnuës, la bouche petite, la teſte peſante, le canal
ferré, la fous-barbe eſpaiſſe & charnuë, il fera tres-
difficile à emboucher: Le meilleur fera de luy donner vne emboucheure aſſez rude, vne branche entre flaque & hardie, & fe feruir de la platte longue à deux branches, pour eſſayer de vaincre ces
deffauts ; mais il faudra peu de fer en fa bouche.

S'il a peu de force, qu'il n'aye ny les iambes
ny les pieds bons, & que du reſte il aye l'encolleure bien tournée, la teſte & les eſpaules petites,

on le pourra bien brider auec le mors à trompe, ou le canon à pignatelle.

S'il a l'encolleure de Pourceau, ce que l'on nom-me couppée ou renuerſée, les eſpaules groſſes ; les lévres pliées dans la bouche ; & auec tous ces def-fauts ; les pieds & les iambes foibles , il ſera auſſi difficile à emboucher comme à dreſſer ; il luy fau-dra eſſayer la groſſe balotte d'vne piece.

S'il a la teſte fort groſſe , l'encolleure courte , chargé de gannache & chargé d'épaules , il luy faudra donner la petite oliue, la branche à la Con-neſtable aſſez hardie, & le bas de ladite branche percée à coſté.

S'il a les barres fines & deliées, la langue petite, le canal & la braye bien proportionnée , la teſte petite , & les eſpaules bien faites , vous luy don-nerez le canon montant ou le piſton , la branche à la Conneſtable entre hardie & flaque , & percé entre le bout & le coſté.

Si c'eſt vn gros Cheual eſpais , fut-il d'Alle-magne , ou autre gros Rouſſin de tel Païs ou Cli-mat qu'il fuſt , chargé d'eſpaules de col ou de gan-nache , vous luy donnerez la groſſe oliue à pigna-telle , la branche à bas rond bien forte & hardie , & le bas percé à coſté , ou l'vne des quatre embou-cheures du dernier effect.

A tous les Cheuaux d'Eſpagne , vous vſerez pour certaine emboucheure du canon à pignatelle , ou de l'eſcache à pignatelle, ou de la petite oliue, tou-

tes les branches à la Conneſtable & entre-hardies
& ſlaques, percées à coſté du bas de la branche: Si
le Cheual a beſoin d'eſtre ramené, & s'il a beſoin
d'eſtre ſouſtenu ou releué, vous ferez percer le bas
deſdites branches au bout.

Pour les Cheuaux d'Italie, ils ont preſque tous
plus de teſte d'encolleure, d'eſpaules & de gannache, qu'il ne ſeroit à ſouhaitter : Leur taille eſt
auſſi pour l'ordinaire aſſez grande, & bien ſouuent ils ſe rencontrent beaucoup chargés de chair.
Ie ne ſçache point de meilleur mors pour eux que
le mors a trompe, ou le col d'Oye, auec l'œil haut,
la branche hardie, & le coude mediocrement releué. Vous leurs eſſayerez auſſi l'vn de ceux du ſecond effect.

Pour les Barbes, comme ils ſont communément
d'vne taille legere, agreable & aiſée, ils ſont auſſi
preſque tous ſouples, agiles & gaillards, & ont
auſſi la teſte petite, comme les eſpaules ; ſi bien
qu'ils ont rarement la bouche forte, mais auſſi ils
l'ont bien ſouuent delicate, tendre, & battent
volontiers à la main, ſoit naturellement, ou comme diſent aucuns, à cauſe des grandes courſes que
l'on leur fait faire en Barbarie, ſans leur auoir en-
ſeigné aucun Art pour leur aſſeurer la teſte ; ad-
joûtez à cela que l'on les fait ſeruir en ces courſes
violentes, lors qu'ils ſont encor fort ieunes; quoy
qu'il en ſoit, il eſt vray que lors que l'on nous les
enuoye en France, ils ont pour la pluſpart la bou-

che beaucoup en defordre, battans à la main, be-
gayans, & faifant pour le plus fouuent des actions
de leur tefte fort defagreables : ce qui a fait dire a
beaucoup de bons Cauallerices, que lors que l'on
peut bien placer la tefte à vn Barbe, & qu'il porte en beau & bon lieu, qu'il eft bien approchant
d'eftre dreffé, ou du moins bien en eftat de le pouuoir eftre ; En vn mot, il eft tres-vray que ce que
ie viens de dire de leur foupleffe & agilité, leur a
acquis auec juftice le nom des Princes des Cheuaux, c'eft à dire des plus agreables de tous ceux
qui donnent plaifir à ceux qui cheriffent cette
Exercice.

Leur emboucheure, la meilleure à mon gré, eft
le fimple canon, ou le canon à pignatelle ; & comme il fe peut rencontrer quelques Barbes de grand
taille, & qui peuuent aller iufques à l'extraordinaire, & qui euft vn peu de bouche, comme cela
pourroit arriuer : Le mors à trompe ou à cane eft
l'vnique, & guerit tout, comme l'vn des excellens
que ie connoiffe du meilleur & plus certain effet.

Pour tous les Cheuaux de legere taille, comme
les Caftillans, Gafcons, Auuergnats, Serdes, Mon-
tagnats, & bref, comme i'ay dit, qui fe rencontre-
ront de legere & mediocre taille, vous leur ordonnerez l'vn des mors du premier ou du fecond
effet.

Et enfin aux gros Cheuaux d'Allemagne, de
Frize, de Dannemarck, aux Bretons, & à tous les
                                        Cheuaux

Cheuaux efpais en general & de grande taille , &
de quel Pays ou Climat qu'ils puiffent eftre , s'ils
ont la bouche forte , iufques à forcer la main , &
s'emporter.

Vous leur ordonnerez, l'vn des mors du dernier
& troifiefme effet, la branche à la Conneftable
ou à bas rond , & le bas de ladite branche percé
à cofté.

C'eft l'aduis en general que i'auois à vous donner touchant les regles generales , & par les plus
certaines conjectures que i'ay pû remarquer dans
la longue experience que i'en ay faite & veu pratiquer à tous ceux que i'ay connus des plus curieux
& plus fçauans en cét Art.

Maintenant ie me difpofe à faire mon poffible,
afin de vous donner la connoiffance la plus certaine , comme la plus facile en ce bel Art ; Et pour
y bien réüffir, ie veux vous donner en premier lieu
la connoiffance de toutes les branches , & de la diuerfité de leurs effets, tant en general , comme en
particulier.

Sçachez donc , que bien qu'il y aye & puiffe
auoir vne multitude infinie de plufieurs fortes de
branches , foit de differentes fabriques , ou de diuers & differents noms. Vous remarquerez, & tiendrez pour conftant, qu'il n'y en doit auoir que fix
principales , comme ie le feray plus particulierement voir dans la fuitte de ce difcours.

Ie vous enfeigneray auffi la quantité d'embou-

B

cheures que i'ay iugé neceffaire pour réüffir à bien
emboucher toutes fortes de Cheuaux.

Ie parleray auffi des gourmettes & de leurs effets;
Ie vous donneray auffi à la fin de mon Traitté
toutes les branches, les emboucheures & les gourmettes, apres vous les auoir nommées & fait connoiftre par l'inftruction de la veritable démonftra-
tion, tant des vns que des autres.

Et finalement vous les verrez defignez & pour-
traitez dans les feüilles de ce Liure, auec vne feconde inftruction, pour vous faire comprendre à
quels Cheuaux ils doiuent & peuuent le plus
agreablement & plus vtilement feruir.

Ie vous marqueray auffi fur quelques-vns des
mors toutes les petites parcelles d'iceluy, par les
lettres de l'Alphabeth, afin que vous les puiffiez
connoiftre, & ne les iamais oublier : Et notez que
lors que vous connoiftrés bien les parcelles ou les
menuës parties d'vn ou deux mors, que vous ne
pouuez manquer à connoiftre celles de tous les
mors ; car elles font toutes femblables & de mefme nom.

Vous aurez auffi en ce mefme lieu, & enfuitte
des mors, les pourtraits des filets & mafticadours,
& des caueffons, que i'ay iugé neceffaires, auec
l'inftruction qui vous enfeignera a quoy & a quels
Cheuaux ils font propres.

Vous aurez auffi le pourtrait de l'excellente Selle
fermée, ou à piquer, auec les Eftriés, & les Efpe-

rons ordinaires & extraordinaires.

Enfuiuant donc l'execution de ma promeſſe, ie vous diray qu'il eſt neceſſaire à celuy qui deſire auoir vne particuliere connoiſſance en l'Art de bien emboucher les Cheuaux ; & afin qu'il y puiſſe bien réüſſir, il faut qu'il ſçache, comme i'ay deſia commencé de le dire , & vous en aduertir cy-deuant, que l'on ſe peut ſeruir d'vne infinité de branches, de telle ſorte ou manieres qu'elles puiſſent eſtre imaginées.

Il faut demeurer d'accord qu'il y en a ſix principales, deſquelles dépendent & dériuent toutes les autres, comme de leur ſource , de leur principe, & de leur origine ; ce qui eſt tres-neceſſaire de ſçauoir, dautant que la branche donne vn grand coup à l'effet de l'emboucheure.

LES BRANCHES.

La branche droite.
La branche à la Françoiſe.
La branche à la Conneſtable.
La branche à bas rond.
La branche à l'Italienne.
Et la branche à piſtolet.

Ces ſix branches, comme ie les viens de nommer, ſont les veritables & les meilleures, deſquelles on ſe puiſſe ſeruir , & deſquelles, comme i'ay deſia dit, dépendent & dériuent toutes les autres, de quelle nature ou inuention qu'elles puiſſent eſtre forgées ou imaginées ; & bien que les autres ſemblaſſent auoir quelque difference en leur forme, elles tirent ſeulement le nom, comme l'effet, de celles de l'vne de ceux que i'ay cy-deſſus nommées, deſquelles elles approchent le plus en reſſemblance.

' Par exemple, il y en a que l'on peut nommer entre la Françoiſe & l'Italienne, dautant qu'elle participe de toutes les deux, tant de leur effet, que de leur reſſemblance.

C'eſt ſeulement la fantaiſie du bon Eſpronnier, & lors qu'il iuge qu'elle aura meilleure grace, & quelle armera mieux le Cheual, ou bien pour diuerſifier & embellir ſon Ouurage : par exemple, on en peut nommer d'autres entre la Conneſtable & la Françoiſe ; on en peut nommer les vnes entre la Françoiſe & l'Italienne, les autres entre le bas rond & le bas à piſtolet, les autres entre la Conneſtable & la Françoiſe ; & ainſi de toutes les autres que ie pourrois nommer toute enſuite, ſi cela n'eſtoit pas trop ennuieux, & qui plus eſt ſans aucun fruit, dautant qu'il eſt impoſſible d'en donner d'autres raiſons que celle que i'ay dites. Nous en demeurerons donc à la verité, qui eſt que les ſix branches cy-deſſus nommées, ſuffiſent abſolument pour toutes ſortes de Cheuaux.

En apres, il faut ſçauoir & tenir pour conſtant,

& fondement affeuré, que toutes les branches font hardies ou flaques, ou que tenant le milieu entre ces deux extremes, les vnes ne font pas tout à fait hardies, ny auffi tout à fait flaques ; ce qui les fait dire ou nommer entre hardie & flaque.

Il y en aura auffi certainement qui tiendront plus de la gaillarde ou hardie, que de la flaque ; & enfin il s'en pourra rencontrer qui participeront plus de la flaque, que de la hardie, qui fe nomme auffi quelquefois gaillarde ; ce que ie vous prie de marquer icy en paffant, dautant que gaillarde ou hardie n'eft qu'vne mefme chofe ; & ainfi vous pouuez dire, fans parler improprement, cette branche eft hardie, ou cette branche eft gaillarde, & tire fa gaillardife de tel ou de tel point.

De la connoiffance de l'effet de la branche en general.

L'Effet de la branche hardie, eft abfolument d'affujettir, de contraindre, de fouftenir, de ramener, & d'obliger le Cheual à baiffer le nez.

De l'effet des parties de telle branche que ce foit en particulier, & premierement de l'œil.

IE fçay bien que tous ceux qui ont efcrit des Emboucheures, ne demeurent pas d'accord auec moy de l'effet de l'œil haut ou bas, & difent quel-

ques raifons pour appuyer leur opinion , qui fe-
roient trop longues à rapporter , & que ie ne defire
pas mefme refuter , crainte que l'on peut auoir la
penfée que ie vouluffe paroiftre beaucoup plus ha-
bile que ie ne fuis en cét Art.

C'eft pourquoy ie laifferay ces Meffieurs dans
leur fentiment bon ou mauuais , pour prendre le
party des plus fçauans , & de ceux qui en ont le plus
doctement & le plus vray-femblablement efcrit ,
joint à la longue experience que i'en ay toufiours
veu pratiquer aux plus Illuftres en cette matiere,
me fait non feulement refter dans cette opinion,
mais me fait auffi vous affeurer pour bafe & fondement : Et i'ofe encor hardiment l'enfeigner & le
dire , que l'œil haut releue & fouftient abfolument;
& i'admets encor plus, en difant que plus l'œil de la
branche eft haut , pourueu qu'il refte en fa deuë
proportion , fans bleffer la veuë , ie fouftiens qu'il
releue, d'autant plus qu'il eft haut.

De l'œil bas.

PVis qu'il eft vray que l'œil haut fouftient & releue fans contredit , il faut de neceffité que
l'œil bas ramene , & qu'il oblige le Cheual à mettre le nés bas, lors qu'il eft fort bas, pourueu, comme i'ay dit de l'œil haut, qu'il demeure en fa deuë
proportion, fans bleffer la veuë, il a d'autant plus
d'effet à ramener & faire baiffer le nés du Cheual;

& lors qu'il est mediocre en sa hauteur, il doit auoir le mediocre effet, & ramene auec plus de douceur & moins de violence.

De l'œil droit, & de celuy qui est renuersé.

L'Oeil droit & haut a son effet semblable; sçauoir, de soustenir & releuer.

Mais l'œil renuersé, soit haut ou bas, a plus d'effet à faire baisser le nés du Cheual; il ramene pourtant plus, & contraint dauantage le Cheual lors qu'il est bas & renuersé, que lors qu'il est haut & renuersé.

Du coude de la branche.

IL est tres-constant que l'effet de la branche dépend beaucoup de son coude, dautant que c'est de ce point qu'elle tire principalement sa gaillardise; si bien que vous obseruerez pour regle infaillible, que plus le coude sera releué, & qu'il fera son tour plus grand, il auancera aussi d'autant plus vers le costé droit; ce qui rendra absolument la branche plus hardie; & au contraire, lors que le coude sera peu ouuert & moins releué, la branche en sera bien moins hardie; & lors que ledit coude sera mediocrement ouuert ou releué, la branche se nommera entre hardie & flaque; mais quand il sera bien peu releué & ouuert, la branche sera plus

flaque que hardie ; Enfin si le coude est si peu releué, & si peu ouuert, que l'on aye peine à s'en ap-
perceuoir, la branche sera flaque : Ainsi si vous
obseruez ponctuellement ce que ie viens de vous
marquer en ce lieu, vous connoistrez facilement
l'effet du coude de la branche.

De l'effet du banquet.

LA branche à son banquet, comme aussi le plis
du banquet, dont la branche tire encor partie
de son effet, en ce que le banquet plus ou moins
estendu rend la branche plus hardie, ou plus flaque : il sert encor pour bien auoir la proportion
de la branche & sa longueur ; on pose vne regle
auec l'vn des pieds du compas sur l'extremité du
banquet, que l'on conduit iusques vers le lieu du
faux jarret ; & si l'on desire la branche gaillarde, on
ouure le coude, & l'on conduit la ligne vers le
costé droit ; & si l'on la desire flaque, on la fait passer vers le costé gauche sans releuer ny ouurir le
coude.

Du faux jarret.

LE faux jarret est encor vn point ou espece de
petit tour hors la branche, qui s'écartant vers
la main droite, en semblant quitter vn peu la branche, la rend forte, hardie, & de grand effet ; c'est
pourquoy

pourquoy l'on s'en sert pour ramener les Cheuaux, & les tenir subjets.

De l'effet du bas de la branche.

LE bas de la branche a son effet selon l'endroit où elle est percée, pour y placer le tourret.

Par exemple, si le bas de telle branche que ce soit est percée, ou que son tourret soit posé iustement au bout, dites hardiment que son effet est de releuer & soustenir; ce qui se pratique lors que le Cheual porte bas, s'arme & met la teste entre les jambes : en ce cas on luy ordonne l'œil haut, & le bas de la branche percée au bout.

Mais lors que l'on desire que la branche aye la faculté de ramener & faire baisser le nès au Cheual, qui leue la teste ou bat à la main, il faudra ordonner l'œil bas & renuersé, & faire percer le bas de telle branche que ce soit à costé; & y placer le tourret.

Et si le Cheual ne porte pas par trop bas, ny aussi au vent, ny hors la main, il faudra percer le bas de la branche, & placer le tourret entre le costé & le bout de ladite branche, afin de rencontrer l'effet de la mediocrité. Ce sont à mon auis tous les effets de la branche hardie, & de chacune de ces parties.

C

TRAITTÉ

De la branche flaque.

LA branche flaque eſt douce, commode, aiſée,
& ne contraint point le Cheual ; ſon effet eſt
agreable : c'eſt d'elle que l'on ſe doit ſeruir pour
tous les Cheuaux dociles, & de bonne nature, &
entre les autres pour les ieunes Cheuaux.

De la branche entre hardie & flaque.

LA branche qui n'eſt ny hardie ny flaque ſe
nomme mixte, dautant qu'elle tient le milieu.
Participant de toutes les deux, elle eſt auſſi de
mediocre effet ; c'eſt l'vne de celles de laquelle ie
conſeille que l'on ſe ſerue autant qu'il ſe pourra :
Vous l'ordonnerez à tous les Cheuaux, qui n'auront pas beſoin d'eſtre geſnez ny contraints, &
d'autant plus que le Cheual ſe ramenera aiſément.

De la branche qui participe plus de la hardie
que de la flaque.

LA branche qui ſera plus hardie que flaque eſt
de fort bon vſage, dautant qu'elle ramene
ſans geſner, & qu'elle fait baiſſer le nés du Cheual
ſans le beaucoup contraindre, ny luy faire violence : Elle eſt tres-propre pour les Cheuaux de bonne
nature.

De la branche plus flaque que hardie.

CElle qui eſt plus flaque que hardie, eſt douce
& de meilleure grace que la flaque, qui eſt
quaſi droite : Elle eſt propre pour les gentils Cheuaux de legere taille, & pour ceux qui ont la bouche delicate & tendre, pourueu toutefois qu'ils ne
battent pas à la main ; nottez auſſi que le reſte des
effets, ſçauoir de l'œil, du coude, du banquet, &
de ſon plis, du faux jarret, du bas de la branche
percée au bout ou à coſté, & l'œil haut ou bas, droit
ou renuerſé, ſont du meſme effet & communs auec
toutes les autres branches, comme ie vous ay dit en
parlant de la hardie : Voila à peu prés ce que l'on
peut dire & faire remarquer de plus conſiderable
touchant les branches & la diuerſité de leurs effets.
Et auec tout cela, ne vous imaginez pas qu'elles
puiſſent touſiours & preciſément réüſſir, comme ie
le diray plus particulierement en ſon lieu.

Des Emboucheures.

MOn deſſein eſt maintenant de vous faire
voir, que bien que l'on ſe puiſſe ſeruir d'vne
quantité infinie de toutes ſortes d'emboucheures,
toutes auſſi differentes en la maniere de leur inuention, que peu neceſſaires : C'eſt l'opinion & la fantaiſie de ceux qui ayans pour but de paroiſtre ex-

trémement fçauans en cét Art , fe figurent mille
chimeres pour mieux eftablir & perfuader leur fçauoir ; neantmoins ma penfée eft toute autre que
l'aduis de ces grands Docteurs ; Et on peut dire, fans
aller iufques à la médifance , que leur deffein eft
pluftoft de troubler & d'embaraffer les efprits de
ceux qui cherchent auec peine & trauail la connoiffance certaine, pour paruenir à cette perfection
de bien emboucher les Cheuaux, que pour aucune
enuie qu'ils ayent de les bien inftruire.

Ce qui m'oblige , dans le deffein où ie fuis, d'en
apprendre à chacun pour fa prouifion, de me feruir des moyens plus cours & plus faciles pour y
pouuoir promptement réüffir.

Ie diray donc que ie tiens pour conftant, & l'experience affez longue que i'en ay faite & veu pratiquer a quantité de perfonnes bien entenduës en
cét Art , que ie fuis obligé de dire fincerement,
tant par mes efcrits , que par les opinions de ces
Illuftres, qu'il fuffit de quinze emboucheures, que
ie nommeray cy-apres , & que ie iuge capables
pour bien brider & emboucher toutes fortes de
Cheuaux, fans que ie pretende toutefois, dans l'aduis que ie donne en ce lieu, de contrarier ou refuter
l'opinion de ceux qui en ont efcrit deuant moy, &
fans vouloir empefcher ceux qui fe voudront feruir des autres : ce que ie laiffe à leur difcretion &
bon iugement,

Suit le nom des quinze emboucheures.

Le simple canon auec la branche droite.
Le second simple canon, la branche à l'Italienne.
Le canon montant.
Le piston ou canon piston.
Le canon col d'Oye.

Ce sont les cinq premieres emboucheures, & du plus doux & agreable effet.

Suiuent les noms des cinq secondes emboucheures, qui ont vn peu plus d'effet.

L'emboucheure à canon à trompe ou à cane d'vne piece.
L'emboucheure à canon à pignatelle.
L'escache à pignatelle.
La petite oliue à pignatelle.
Et l'emboucheure nommée à campanelle.

Suit le nom des cinq dernieres emboucheures, du troisiéme & plus violent effet.

L'emboucheure à grosse balotte d'vne piece.
La poire à pignatelle.
La poire renuersée aussi à pignatelle.
La grosse oliue à pignatelle.
Et l'emboucheure à grosse oliue d'vne piece, que l'on nomme encor à pas d'asne.

Les cinq premieres , comme i'ay dit ailleurs, font tres-douces & de peu d'effet, vous les essayerez les vnes apres les autres à tous les Cheuaux delicats & de bonne nature , comme aussi à ceux de mediocre taille.

Pour les cinq du second effet, vous les essayerez aux Cheuaux vn peu espais, & à ceux qui auront vn peu plus de bouche qu'il ne seroit à souhaitter ; ils peuuent aussi seruir aux Barbes & aux Cheuaux de legere taille , & mesme aux Cheuaux d'Espagne.

Mais entre ces cinq secondes , vous vous souuiendrez que l'emboucheure à trompe ou à cane, est l'vne des meilleures que ie connoisse , soit pour les Cheuaux d'Italie , grands Barbes, & mesme pour les Roussins, pourueu qu'ils ne soient pas desesperez de bouche.

Pour les cinq dernieres , elles sont forts rudes & de grand effet , vous les essayerez à tous les gros Cheuaux, generalement de quelque Pays ou Climat qu'ils puissent estre, & notamment lors qu'ils auront la bouche forte.

Ce sont les quinze Emboucheures que ie m'estois promis de vous donner , & qui seront sans douté propre pour tous les Cheuaux, selon ma promesse, vous asseurant qu'outre que les autres me semblent inutiles, il est certain qu'elles ne sont plus gueres en vsage.

Et ie croy m'estre encor beaucoup emancipé de

vous en auoir donné quinze , que i'ay tirées &
choifies pour les plus aifées & du meilleur effet.

Puisque Monfieur le Marquis de Nieucaftel, l'vn
des plus excellents modernes, n'en admet que trois
en fon grand Liure intitulé , *La nouuelle Methode*,
& non encor veuë ny pratiquée que par luy feulement, &c. Il eft vray, & ie le diray auec verité, &
à fa loüange , que fon Liure eft l'vn des plus excellens & magnifiques Ouurages que i'aye veu de ma
vie , tant confideré le bel ordre de fa methode, que
l'inuention de ces rares & doctes leçons, que pour
les belles figures dont ce bel Ouurage eft enrichy :
En vn mot, c'eft l'œuure le mieux acheué que i'aye
encor veu en toute ma vie ; il n'ordonne que le canon à pignatelle , l'efcache à pignatelle , & l'oliue
à pignatelle, & ne pretend fe feruir que de la branche à la Conneftable, percée au bout ou à cofté.
Pour l'œil , il le veut toufiours mediocre , le veut
auffi rond, & non quarré ny renuerfé , qui eft ce
dont tous les autres Autheurs ne demeurent pas
d'accord, & conclud enfin. Et ie ne puis defaprou-
uer fon fentiment en ce rencontre , lors qu'il dit , &
nous laiffe pour fondement affeuré , que la main
bonne, ferme & douce , jointe à la fcience, la pratique & l'experience du bon Caualier , eft le meilleur mors, la meilleure bride, & la plus fouueraine
embouchuere que l'on fçauroit choifir au Cheual :
Cela fuppofé, comme il y a grande apparence de
verité & de raifon , il faut demeurer d'accord que

lors que nous aurons rencontré vne bride, qui accommode paffablement noftre Cheual, il faut abfolument croire que la bonté, la douceur, la delicateffe & la fermeté de noftre main, bien concertée auec noftre fcience, pratique, patience & longue experience, parfaffe & acheue ce bel & efpineux Ouurage; autrement, fi le Cheual ne fe rencontre auoir la bouche naturellement bonne, fine, douce & bien aifée, il feroit bien difficile de venir à bout d'vne telle entreprife, qui eft la veritable pierre de touche, & la chofe la plus delicate de l'Art de monter à Cheual : Mais ie ne prens pas garde, que faifant foiblement les Eloges de Monfieur le Marquis de Nieucaftel, ie m'efloigne infenfiblement de mon fujet; c'eft pourquoy couppant le fil à ce difcours, ie retourne à mon fujet, & vous donne pour auis infaillible, qu'il faut bien obferuer, que toutes les fufdites emboucheures foient appropriées & accommodées aux branches, felon la bonne ou mauuaife bouche du Cheual, & felon fon naturel doux ou violent, & encor felon qu'il porte haut ou bas, qui eft à dire au vent ou hors la main, & lors qu'il s'arme ou porte entre les jambes, ayant la tefte pefante & mal placée, en faifant ce que dit le langage Italien, *fe incapuchato*. C'eft à quoy vous aurés égard autant qu'il fe pourra, faifant vne entiere reflexion fur ce que ie vous ay dit cy-deffus, afin de profiter de mes auis, cependant que ie vous entretiendray des gourmettes & de leurs effets.

Des

Des Gourmettes.

POur les Gourmettes, on en figure auſſi d'aſſez
extrauagantes, ſelon le caprice de ceux qui les
imaginent; mais apres en auoir eſſayé, & m'en eſtre
ſeruy de pluſieurs & differentes façons, ie me ſuis
arreſté à deux, qui m'ont ſemblé les plus commodes & du meilleur & plus doux effet.

Ie me ſers de la groſſe gourmette ronde, courte,
& de trois eſſes bien preſſées, & des deux anneaux
en ouale, pour eſtre ſouſtenuë par les deux crochets : Ie veux que le tout ſoit bien forgé, bien li-
mé, bien poly & bien eſtamé, & les crochets
bien ajuſtés à l'œil du mors : ma raiſon pour cela
eſt, que la groſſe gourmette ne bleſſe & n'incommode pas la ſous-barbe, comme la petite.

Et qu'elle eſt de beaucoup meilleure grace, & eſt
de tout autre effet que la petite ; car elle empeſche
que le Cheual ne ſoit bleſſé à la ſous-barbe ny au
coſté des jouës ou des lévres, qui eſt cauſé par le
pincement de la petite gourmette aiguë & tran-
chante, ou des crochets mal polis & mal tournez :
Puis donc qu'il eſt vray que le meilleur moyen
qu'il y aye, pour bien emboucher vn Cheual, eſt
d'empeſcher qu'il ne puiſſe eſtre bleſſé dedans ny
dehors la bouche, ou pincé, comme i'ay dit, par
les crochets le long des iouës ou des lévres ; ce qui
ne peut arriuer que par le deffaut de l'emboucheu-

D

re, de la gourmette, ou des crochets, foit que le
mors foit rude, que la gourmette ne batte pas en
fon lieu, ou que les crochets foient mal ajuftez &
mal placés, alors le Cheual fe trouue incommodé,
& ne peut rien faire de bonne grace ; c'eft ce qui
me fait confeiller la groffe gourmette, les crochets pluftoft plats que ronds, & bien polis; Enfin
le Cheual peut auffi & le plus fouuent eftre bleffé
& incommodé dedans ou dehors la bouche, par la
main rude & mauuaife du Caualier ; & ces dernieres
font plus dangereufes que les autres, dautant qu'elles fe font auec plus de violence; c'eft pourquoy ie
confeille au Caualier d'y prendre garde auec grand
foin, eftant tres certain qu'il n'y a bride ou emboucheure, pour propre & bien choifie qu'elle
peut eftre, & mefme qu'il n'y auroit rien à redire,
& qu'elle fut la meilleure du monde, fi le Cheual
eft bleffé dedans ou dehors la bouche, tout ce qu'il
fera ne peut eftre de bonne grace : Et il ne prendra
ny gouft ny plaifir à fon maneige, à caufe de la
douleur & incommodité que la bride, la gourmette où les crochets luy font fouffrir.

L'autre gourmette dont ie me fers, & qui me
femble bonne pour fon vfage, eft à mon auis la
platte & d'vne piece : on s'en peut feruir pour les
Cheuaux fort delicats qui ont la bouche tendre, &
les barres aiguës, & par trop fines & déliées, auec
le canal eftroit, & qui ont encor la fous-barbe
maigre & décharnée ; fans doute que cette forte

de gourmette les incommodera moins que toute autre.

Mais fi le Cheual auoit la bouche fi tendre, &
fi égarée, les barres fi aiguës, & la fousbarbe fi maigre & fi facile a eftre entamée, que quoy qu'il euft
l'emboucheure fort douce, la gourmette platte,
comme auffi les crochets plats & bien polis, & que
ladite gourmette fift fon deuoir & battit bien en
fon lieu ; & que de plus la bonne, douce & fça-
uante main y fuft jointe auec la belle methode, &
que tout cela ne peut empefcher le Cheual d'eftre
bleffé ou entamé à la fous-barbe, il faudra faire
paffer vn cuir bien doux à la gourmette, ou la faire embourrer d'vn cuir bien fin, & faire auffi en-
fermer les crochets d'vn cuir fort delicat : Voila
mon confeil touchant les gourmettes.

Apres vous auoir fait entendre le plus facilement
& le plus briefuement que i'ay pû tout ce que vous
auez éntendu des branches & de leurs effets, de
mefme que des emboucheures, & comme elles
peuuent réüffir, auffi bien que de l'œil haut ou
bas du bas de la branche, percée au bout, ou à
cofté, ou entre le bout & le cofté ; comme auffi
de l'effet de la branche hardie, & de la flaque.

Ie defire encore que vous en puiffiez tirer quelque chofe à voftre auantage, le tout pour voftre
vtilité & profit, faifant fur chaque chofe les re-
flections fuiuantes.

Par exemple, fuppofé qu'vn Cheual porte tout

à fait bas, ayant la teſte peſante & entre les jambes;
ce qui s'appelle s'armer, ou *ſe incapuchato*.

Vous luy ordonnerez l'œil haut, la branche flaque & à l'Italienne, vne emboucheure douce, & le
bas de la branche percée directement en ſon bout.

Si au contraire il porte au vent, & batte à la
main, ayant la bouche eſgarée, & leue la teſte;
Vous luy ordonnerés la branche entre flaque &
hardie, l'œil bas, vne emboucheure du ſecond
effet, & la branche à bas rond, & ledit bas percé
au coſté du bas de la branche.

Enfin, lors que vous rencontrerez des Cheuaux
ſi obſtinez, & ſi confirmés dans leurs mauuaiſes habitudes, que bien que l'œil du mors fut tout à fait
bas, que la branche fut tres-hardie, le coude beaucoup ouuert & bien releué, la branche à bas rond,
& percé à coſté, & qu'il y euſt encor vn faux jarret, qui ſont tous les moyens qui peuuent le plus
aider & ſeruir en ce rencontre; & que nonobſtant
toutes ces precautions, il portaſt touſiours au vent,
& battiſt inceſſamment à la main par ſa malice in-
ueterée.

Il faudra abſolument auoir recours à la platte
longe à deux branches, & auec l'art & la belle methode, la bonne main douce & ferme, jointe à la
pratique & longue habitude; l'accouſtumer peu à
peu à bien placer ſa teſte, & trauailler ſi long-
temps, qu'il aye la teſte ferme; puis on luy pourra oſter la platte longe.

Mais s'il arriuoit qu'il portaſt ſi bas, & s'armaſt auec telle violence, & euſt la teſte ſi peſante, que pour haut que peut eſtre l'œil, que la branche fut flaque, l'emboucheure douce, & le bas percé au bout., & que tout cela ne peut luy releuer la teſte; le meilleur & le plus certain remede duquel on ſe puiſſe ſeruir, ſera de luy donner ſouuent des coups de bride en le trauaillant, ce que l'on nomme donner des eſbrillades pour deſarmer vn Cheual qui porte bas; & outre cela, il faudra auoir la main vn peu gaillarde, vacillante & branlante, & l'auancer auſſi vn peu de fois à autre vers les oreilles du Cheual.

Vous remarquerez auſſi en ce lieu, qu'il n'eſt iamais, ou que bien rarement, permis de branler la main, ne l'auancer vers les oreilles, qu'en ce ſeul rencontre qui deſarme le Cheual.

Voila toutes les precautions dont on ſe peut ſeruir pour bien placer la teſte aux Cheuaux, qui eſt le dernier & plus parfait ſecret de l'Art de monter à Cheual.

Reſte maintenant de vous faire connoîſtre & diſtinguer la branche hardie d'auec la flaque, comme celle qui eſt entre hardie & flaque; & finalement de celle qui eſt plus hardie que flaque, ou qui eſt celle qui eſt plus flaque que hardie.

Ce que vous connoiſtrés facilement, ſi vous obſeruès auec vn peu d'attention ce que ie vay vous enſeigner.

D iij

Prenez vne regle & la pofée fur l'extremité du
banquet, & faites en forte qu'elle paffe par la broche & la fous-barbe de la branche ; que fi le bas de
la branche déborde par deffous la regle, & qu'elle
s'eftende vers la main droite, où le cofté droit, qui
eft le lieu où font les chaînettes ; alors dites qu'elle
eft hardie ; & d'autant plus qu'elle auancera vers
lefdites chaînettes, elle fera auffi plus hardie.

Si par le rebours ladite regle pofée & conduite,
comme i'ay dit, laiffe le bas de la branche vers le
cofté gauche, qui eft le cofté où eft placé le tourret & l'anneau, vous la nommerez flaque ; & lors
qu'elle en approchera le plus, elle fera auffi plus
flaque : Et fi encor ladite regle pofée, comme i'ay
dit, ne laiffe que bien peu le bas de la branche du
cofté droit, ny auffi tout à fait à gauche, elle fera
mixte, qui eft à dire du mediocre entre la hardie &
la flaque : Mais fi elle laiffoit la branche vn peu
plus à droit qu'à gauche, on la diroit plus hardie
que flaque ; & fi au contraire elle demeuroit peu
plus vers le cofté gauche, elle feroit plus flaque
que hardie.

Mais fans fe donner tant de peine, pour peu
d'application que l'on voudra auoir à confiderer
ce que i'ay dit du coude de fon ouuerture, & de fa
gaillardife, on connoiftra facilement la nature de
toutes fortes de branches, felon ce que la branche
auancera à droit ou à gauche, ou dans le milieu,
ou peu plus vers l'vn que l'autre : C'eft le vray fe-

cret pour connoiftre la nature de toutes fortes de
branches.

Apres vous auoir enfeigné tous les meilleurs &
plus cours moyens, dont ie me fuis pû auifer, pour
vous faire comprendre l'art d'emboucher les Cheuaux ; ie veux bien vous aduertir que i'ay fait deffigner vn Cheual, que ie feray placer à la fin de ce
petit Traitté, pour vous apprendre à en connoiftre
les principales parties, comme ie les ay nommées
& marquées felon l'ordre du chiffre, comme i'ay
auffi femblablement nommé & marqué par ledit
chiffre les endroits où les maux leur viennent le
plus ordinairement : I'ay bien auffi voulu vous faire deffigner tous les mors, branches & emboucheures, dont ie vous ay entretenu auec les bonnes gourmettes & leurs crochets, que i'ay fait mettre par ordre à la fin de ce Traitté, auec vne feconde Inftruction & Aduis, afin de connoiftre leurs
noms, leurs effets, & a quels Cheuaux ie les ay iu-
gés eftre plus commodes.

I'ay eu encor affez de foin & de curiofité de vous
plaire, & de vous inftruire, que i'ay nommé &
diftingué les parcelles de quelques-vns des mors,
dont i'ay nommés & marqués par les lettres de l'Alphabeth, pour vous les apprendre & contenter les
plus curieux.

Ie n'ay non plus oublié à faire deffigner des
filets, des caueffons, & des mafticadous, & mis à
cofté de chacun d'iceux ce à quoy ils font propres

& neceſſaires, & pour quel vſage il s'en faudra ſeruir : l'ay bien encor voulu, afin qu'il ne manquaſt
rien à ce petit Ouurage, faire deſſigner la belle &
bonne Selle fermée, que l'on nomme à picquer,
auec les bons Eſtriés, & encor les Eſperons ordinaires & extraordinaires, le tout pour m'acquitter
de mon deuoir & de ma promeſſe.

Enfin, après les preceptes & les aduis que ie
vous ay donnés, agreés, s'il vous plaiſt, cette petite reflection de ma part, qui vous fera comprendre que comme il ne ſeroit non plus iuſte que raiſonnable, que les Cheuaux, non plus que tous les
autres animaux, joüyſſent en tel rencontre que ce
peut eſtre, d'vn priuilege plus auantageux que
l'homme, qui eſt cenſé pour raiſonnable ; ce qui
eſt abſolument vray : & neantmoins nous voyons
tous les iours, qu'auec tout cét auantage de la raiſon, dont Dieu l'a voulu doüer, & de laquelle il
deuroit joüir auec vne entiere & parfaite plenitu-
de, il ne peut pourtant s'empeſcher de commettre
vne infinité de manquemens, dont ſa vie & ſes
actions ſont tellement remplis, qu'il eſt bien ſouuent contraint d'auoüer ſon foible, puis que ſon
eſprit & ſa raiſon ſont bien ſouuent, pour ne dire
pas tout à fait eſteins ; au moins ſont-ils bien éga-
rés du chemin de la raiſon : les vns en chantant
font des grimaces qui font peur ; les autres en joüant
du luth ont des tranſports de poſſedé ; les autres en
ſe promenant ou en reſuant font des geſtes eſpou-
uantables.

uantables. Enfin la vie de l'homme, bien que doüé de raison, n'eſt qu'vn perpetuel manquement tout remply de deffauts & d'imperfection.

Aprés cela pourez-vous eſtre ſurpris, & demeu-rerez-vous eſtonné, lors qu'vn Cheual, qui n'a que ce certain inſtinc que la Nature luy a laiſſé pour le guider, puiſſe eſtre exempt de quantité de deffauts. Reuenez à vous, & ne croyez pas qu'ils ſoient touſ-jours diſpoſez à faire ce que l'homme deſire de leur obeïſſance ; & tenez pour certain qu'il s'en rencon-tre de ſi mauuaiſe nature, ſi enclins au mal & à leurs propres vices, ſoit de leur naturel, ou par les mau-uaiſes habitudes que celuy qui les a commencez leur a laiſſé prendre, que quelque bonne bride ou embouchure que l'on leur peut donner, non plus que la ſçauante & douce main du bon Caualier, ne les pourroit iamais obliger à placer la teſte, ny ſe mettre ſur les hanches : on ne les pourra meſme ia-mais obliger à marcher, ou faire quatre temps de gallop de bonne grace, tant il eſt vray que touſles animaux, non plus que les hommes, ne ſe trouuent iamais ſans beaucoup d'imperfection & de deffauts.

Mais afin que ie finiſſe ce petit Traitté par vne aſſez raiſonnable penſée ; ie vous diray, pour clor-re ce petit diſcours, que comme il eſt tres-conſtant que la belle Selle & bien faite, & ajuſtée de tout ce qui ſe pourroit pour acheuer ſon embelliſſement, n'auroit pas pour cela la vertu de rendre le Cheual dreſſé, ny bien adroit, quoy qu'il fuſt enharnaché

E

de ce superbe harnois, non plus que s'il auoit pour
bride ou emboucheure vn mors d'or massif; ce que
l'on peut aussi dire de l'homme: Par exemple, seroit-
il à croire, que si les plus beaux & les plus riches Esperons que l'on sçauroit imaginer, fussent-ils garnis
de diaments ou de pierres precieuses, estoient
chaussés aux tallons d'vn ignorant, sçauoir s'ils ren-
droient cét innocent bien expert en l'Art de monter à Cheual, & si les Esperons, sans la science, fe-
roient bien manier le Cheual, & luy faire executer
de bonne grace, ce qu'il pourroit faire sous vn excellent homme de Cheual, non veritablement; &
l'on peut assez facilement conceuoir qu'il n'y a aucune apparence de raison, qui nous puisse persuader vne chose si impossible; ce qui m'oblige de
conclure hardiment que ce ne sont pas tousiours les
brides, les mors, ny les emboucheures, qui rendent
le Cheual bien dressé, ny bien acheué; car si le Cheual estoit rendu sçauant par cette belle Selle, que
l'on luy pourroit mettre sur le dos; ce seroient les
Selliers, & non pas les Escuyers, qui dresseroient
les Cheuaux: Comme aussi, si le Cheual estoit rendu adroit par cette petite piece de fer que l'on leur
met dans la bouche, ce seroit sans doute l'Esperon-
nier qui en deuroit auoir toute la gloire.

Et si pour passer de l'animal à l'homme, il n'e-
stoit question que de mettre vn tres-beau & bon
Liure dans les mains d'vn enfant, pour le rendre
bon Philosophe, sans auoir iamais esté enseigné ny

inftruit d'aucun Maiftre ; il n'y auroit point de
meilleure inuention que d'achepter vne belle Bi-
bliotecque, & la mettre dans les mains, ou dans le
Cabinet d'vn ignorant, pour le rendre le plus lettré
& le plus fçauant homme de l'Vniuers.

Quel fruit tirerons-nous donc de tous ces raifon-
nemens , & que pourrons-nous imaginer qui ce
puiffe ajoûter & joindre à cette belle Selle, à ce beau
Mors, à ces Eftriés fi bien forgés & fi delicatement
limés & polis ; comme auffi à ces riches & fuperbes
Efperons, & à tant de fortes de branches & d'emboucheures que ie me fuis peiné de choifir & rechercher auec labeur & foin , pour vous en faire
prefent par mon efcrit, & par les deffeins de chacun
d'iceux, que i'ay fait marquer pour l'inftruction du
public : Adjoûtés à tout ce que deffus les obferuations qu'il faut faire auant que de pouuoir bien emboucher vn Cheual.

Il faut encor outre tout cela, mes chers Lecteurs,
& c'eft abfolument le plus neceffaire.

La belle methode, la veritable fcience, la longue
pratique, la grande patience , les bonnes leçons, &
la main bonne , douce & ferme ; bien concertée &
appliquée au naturel de chaque Cheual, & de ces
efprits, & de fa force ou gentilleffe : C'eft là, mes
chers amis, que confifte la grande & fubtile fcience
de la Caualerie, & de l'art de monter à Cheual ; Et
i'admets encor que celuy qui la poffedera eminem-
ment, pourra dreffer vn Cheual auec vn billot ou

morceau de bois dans la bouche, au lieu de mors.

Il eſt tres-conſtant que la bonne emboucheure fait la moitié du chemin, y aide & y coopere infiment, autrement il ſeroit tres-inutile de ce tant peiner, pour ſe pouuoir rendre expert en ce bel Art, que tout le monde tient ſi beau, ſi neceſſaire, & ſi vtile, qu'il n'y a perſonne qui ne le doiue cherir & admirer tout enſemble, à cauſe des bons effets qu'il produit inceſſamment : Mais il faut encor pouſſer ce raiſonnement iuſqu'au bout, & dire auec nos illuſtres Eſcuyers, que s'il eſt vray que la bride ſoit le premier agent qui retient le Cheual, & luy donne quelque connoiſſance de ce qu'il doit faire, en l'arreſtant & en luy donnant la liberté de s'eſchapper quand il luy eſt permis.

Il faut auoüer que le ſecond agent, qui eſt le bon Eſcuyer, eſt bien de toute autre puiſſance, lors qu'il acheue & perfectionne par ſa ſcience & ſa belle methode, ce qui n'eſtoit que foiblement eſbauché par la nature aidée de ce petit morceau de fer mis à la bouche de cét animal irraiſonnable ; & qu'enfin il ſemble ſe ſurpaſſer luy-meſme, puis qu'il force, pour ainſi parler, le naturel d'vn animal irraiſonnable, luy faiſant executer des choſes que l'on pourroit aſſez vray-ſemblablement dire bien approcher du raiſonnable.

Ie conclus, & dis que c'eſt la bonne Emboucheure qui commence.

Mais l'excellent Eſcuyer acheue ce bel Ouurage.

OBSERVATIONS GENERALES
& tres-neceffaires pour bien emboucher les Cheuaux.

Evx qui font les plus ignorans, font d'ordinaire les plus opiniaftres & les plus prefomptueux.

C'eft ce qui m'a fait eftonner plus d'vne fois, & fans faire femblant d'auoir aucune connoiffance en cét Art.

D'écouter des ignorans qui entreprenoient hardiment d'ordonner des brides à des Cheuaux, fans les auoir iamais veus ; & encor pour des Cheuaux que l'on leur difoit auoir la bouche fort mal-aifée à conduire : l'auoüe que cette vanité fi hardie m'eftonnoit, & me faifoit auoir pitié de leur ignorance craffe, & prefomption fans pareille ; d'autant plus qu'il eft conftant que les meilleurs Maiftres, & les plus verfés en cét Art s'y trouuent bien empefchés, & le plus fouuent trompés, lors qu'il s'agift de la iuftefle des brides, quoy qu'ils ayent veu & confideré à leur aife tout ce qu'il faut obferuer en ce rencontre.

Ces pauures vains ne fçauent pas, que pour bien emboucher vn Cheual, il faut premierement voir ce qu'il fçait faire, ou pour le moins le reconnoiftre, le voyant cheminer par le droit du pas, de trot, ou

E iij

de galop ; & fur tout obferuer fon arreft.

Afin de pouuoir iuger par ces actions commu-
nes, d'où peut proceder la difficulté de fa bouche,
bonne, mauuaife, delicate ou tendre : car c'eft vne
maxime generale, que l'appuy le meilleur que le
Cheual puiffe auoir fous l'homme, eft celuy qui fe
trouue ferme & leger ; c'eft à dire, qui ne s'efbranle
point par les diuers mouuemens de la bonne main,
ny ne s'abandonne pas trop par la liberté qui luy
eft donnée.

C'eft pourquoy le Caualier fçauant doit curieu-
fement chercher de refoudre & affeurer la bouche
fenfible par des brides bien confiderées & bien
ajuftées ; & c'eft ce qui ne fe peut, fi l'on n'a veu trauailler le Cheual.

Il doit encor fçauoir qu'il y a quantité d'effets
principaux en la bride, qui prouiennent de quatre
parties principales d'icelles, qui font, l'emboucheure, l'œil, la gourmette, & la branche, defquels
dépendent, comme i'ay dit, vn nombre infiny d'effets differents ; c'eft pourquoy il eft befoin de faire
beaucoup d'obferuations, afin que tout ce qui
fera ordonné, pour pofer dans la bouche du Cheual, fe puiffe rapporter aux qualités & forme de ladite bouche, & voir que tout fe rapporte à la fente
d'icelle, aux lévres, aux janciues, barres & efcail-
lons, comme à la langue & au pallais ; & que ce qui
eft deftiné pour le dehors de la bouche, foit auffi
proportionné à la forme de la fous-barbe, & à celles

de la tefte, du col , & en vn mot à la capacité de
tous les membres : Apres cela, iugez fi Meffieurs les
ignorans peuuent ordonner des brides, fans auoir
iamais veu vn Cheual , que par le rapport que l'on
leur en a pû faire.

Non, ie dis & fouftiens que c'eft vne chofe du
tout impoffible , ou s'il arriuoit qu'il fe rencon-
traft que telle perfonne que ce fuft euft réüffi à emboucher vn Cheual, ie dis que ce feroit par hazard,
où bien il faudroit que ce fuft vn Cheual qui euft
la bouche fi naturellement bonne, que tel Mors
que ce pût eftre , le pourroit bien brider : car comme il y a des Cheuaux tres-difficiles à emboucher,
il y en auffi qui font embouchés par toutes fortes
de Mors indifferamment.

Mais pour la veritable fcience & methode de
bien emboucher vn Cheual, difficile & de mauuaife bouche ; ie dis abfolument qu'il faut l'Art & les
precautions que i'ay dites cy-deffus, & que ie diray
encor cy-apres.

Et pour commencer, apprenez cecy , & ne l'ou-
bliez pas, afin que cette connoiffance vous empefche de tomber dans l'inconuenient qui peut arriuer à tous ceux qui n'ont pas la veritable methode
de bien emboucher les Cheuaux.

Tel Cheual que ce foit ayant efté trotté & gal-
lopé par le droit, ou fur les quatre lignes de la volte,
& lors que l'on commence à connoiftre qu'il aura
les barres fenfibles , & qu'il n'aura pas la langue

trop groffe, ny les lévres trop grandes ny efpaiffes, vous luy donnerés l'efcache defignée dans mes Emboucheures pour deux raifons ; la premiere, dautant qu'elle appuyera également fur les barres ; & la feconde, qu'elle aura plus de force que le fimple canon.

Car c'eft par le fimple canon qu'il faut toufiours commencer l'ouurage.

Mais fi l'efcache auoit fi peu de liberté, que la langue ne peut auoir fon mouuement libre, alors vous ordonnerez la liberté plus large.

Il faut auffi bien prendre garde que quelque Emboucheure que ce foit, de toutes les quinze que i'ay fait deffigner, qu'il faudra prendre la diftance de l'ouuerture de la liberté auec les pointes d'vn compas, afin d'auoir la diftance bien iufte des deux endroits qui doiuent appuyer deffus les barres, afin d'auoir la place limitée, tant pour la groffeur de la langue, que pour empefcher que l'efquillons, ou les points de l'extremité de la liberté de langue, qui eft proprement l'ouuerture, ne puiffent bleffer les barres, dautant que c'eft la proportion principale, & de laquelle dépend le principal effet, afin de donner la facilité, la legereté, & la fenfibilité à la bouche du Cheual.

Vous remarquerez encor en ce lieu, que l'efcache à cela de propre, qu'elle laiffe l'efcaillon plus libre que ne font la plufpart des autres Emboucheures, dautant que leur forme va en diminuant

depuis

depuis le banquet, iufques au ply du milieu d'iceluy ; fi bien qu'occupans par cette diminution
moins la place des barres, elle donne plus de plaifir
au Cheual, & luy fait effet fans l'incommoder.

Remarque pour la tranchefile.

QVant à la tranchefile, qui eft ajuftée à l'emboucheure pour faire ioüer le Cheual, & luy
rendre la bouche fraifche, il l'a faudra faire tenir à
l'œil du Mors par vn ply fans touret, & qu'elle foit
de deux pieces, finon que la bouche fut peu fen-
düe, auquel cas vous l'ordonnerez de trois pieces
attachées au mefme œil, mais auec vn touret de
chaque cofté, & en forte que le tout foit fi bien
tourné & poly, qu'il ne puiffe incommoder le Cheual dedans & dehors la bouche.

Autre Remarque.

CE n'eft pas fans raifon que i'ay fait deffigner
quelques Emboucheures à oliue, au nombre
de celle que i'ordonne.

Et quoy que l'on aye eu deffein de les blafmer,
à caufe du peu de liberté qu'elles donnoient à la
bouche du Cheual, elles font pourtant tres-necef-
faires, à caufe qu'elles n'occupent pas beaucoup de
place : Et ie dis, que pourueu que la diftance foit
bien prife, & qu'elle n'appuye pas fauffement fur

F

les barres ny sur l'escaillon, elles sont d'vn tres-bon effet, & principalement aux Cheuaux qui auront la bouche petite & peu fenduë.

Observation.

VOus obseruerés aussi en ce lieu, que le haut de la liberté de langue se nomme la montée, ou le col rompu, & d'autres le nomment montant; ce qui est esgal & de mesme signification.

Remarque necessaire.

IL est aussi necessaire de sçauoir les noms que l'on donne aux bouches des Cheuaux.

On dit, vne bonne bouche loyale & aisée.

On dit, vne bouche delicate & tendre.

On dit, vne bouche esgarée & incertaine.

On dit, vne bouche à pleine main.

On dit, vne bouche dure & forte.

Enfin on dit, vne bouche desesperée.

A la bonne & loyale bouche, les Mors du premier effet.

A la delicate & tendre, le simple canon ou le montant, la branche à la Connestable, & icelle flaque.

A la bouche esgarée, le Mors à trompe, la branche entre-hardie & flaque, & la martingale.

A la bouche à pleine main, qui est à dire, non

tout à fait bonne, ny aussi mauuaise.

Vous donnerés la petite oliue, ou la grosse balotte, selon qu'il aura la bouche petite ou bien
fenduë.

A la bouche dure & forte, la grosse oliue, ou la
poire à pignatelle, ou la poire renuersée aussi selon
la fente de sa bouche, auec la branche assez hardie
& forte de fer, auec l'aide du cauesson rond ou
tors.

A la desesperée, le pas d'asne d'vne piecé, la
branche forte & hardie, accompagnée du gros
cauesson siguette.

Et à tout ce que dessus, il faudra prendre garde
que le montant soit proportionné, crainte que
montant trop haut il ne blesse le pallais.

Obseruation tres-vtile.

Vous obseruerez aussi diligemment ce qui
suit:

Il y a des Cheuaux qui ont la bouche si foible &
tellement sensible, qu'ils ont peine à souffrir l'appuy de la main, à cause de l'incommodité qu'ils
reçoiuent aux barres & aux janciues: Les vns ap-
prehendent lors qu'ils ont la langue ou les lévres
pressées; les autres craignent d'estre blessés à la
sous-barbe; les autres ont les barres si hautes, si
aiguës & si déliées, qu'ils souffrent à peine l'effet
de l'emboucheure; si bien qu'il est presque impos-

F ij

fible de leur affeurer la bouche, la tefte ny le col,
tant ils font en allarme de ce que ie viens de dire
cy-deffus.

Mais comme il n'eft guere de mal fans remede,
i'ay donné le Mors à cane ou à trompe, que i'appelle mon vnique Remede : Et pour éuiter à toutes
ces apprehenfions, il faut trauailler le Cheual de
cette nature, auec douceur, de pas, de trot, & de
galop, mais fi iuftement & fi endormy, que le
Cheual s'affeure & perde les allarmes qui caufent
tout ce defordre ; fans doute que ce Mors donnera
mieux le vray appuy que nul autre, à caufe de fa
groffeur égale & vnie, & que la langue la fouftiendra auec l'aide des lévres, & ainfi les barres feront
beaucoup foûlagées ; & encor qu'eftant d'vne piece, il demeurera en fa veritable fituation dans la
bouche du Cheual, quelque mouuement que faffe
la main du Caualier.

Autre Remarque.

VOus fçaurez auffi, que comme il y a des bouches petites, il y en a auffi qui font exceffi-
uement fenduës, & qui ne laiffent pourtant pas
d'eftre fort fenfibles ; fi bien que pour pouuoir
prendre le vray appuy de la main, elles veulent
eftre remplies : Lors que vous connoiftrés cela,
vous iugerez bien que ce n'eft pas fans raifon que
i'ay fait deffigner la campanelle en mes Embou-

cheures : C'est donc a elle que vous aurez recours
en telle occasion, dautant que sa grosseur & ses
roüelles mouuantes rempliront la bouche trop
fenduë.

Dautant que i'ay parlé en mon Traitté du mot
armer, ie croy qu'il est bien raisonnable que ie vous
en donne la veritable explication.

Comme aussi de la difference que l'on doit faire
de la barre, ou de la janciue.

Sçachez donc que par ce mot armer, il ne suffit
pas seulement de s'arrester à l'action que le Cheual
fait, en courbant par trop l'arc du col, baissant le
front, & faisant appuyer les branches du Mors
contre sa poitrine; ce qui s'appelle armer.

Dautant qu'il semble que le Cheual se met en
posture de choquer auec force & violence, ce qu'il
veut attaquer, afin de passer sans resistance; car s'il
auoit le nés aduancé, il n'auroit pas la mesme force pour forcer ou fendre vne trouppe d'hommes,
ou telle autre chose. Voilà d'où vient le mot, &
pourquoy l'on dit que le Cheual s'arme : Mais la
verité du faict est, que tous les Cheuaux qui font
cette action, montre bien qu'ils sont rusés, fins &
malicieux, dautant que par ce moyen & posture, ils
se deffendent des barres, des lévres, & de la langue,
en s'opposant directement à la volonté du Caualier, & à tous les bons effets de la bride.

Et pour la difference qu'il y a de la barre à la janciue, la janciue est proprement, & ce doit enten-

F iij

dre, pour ce qui est de plus ferme & de plus solide, au dessus de la summité de la barre.

Et la barre à proprement parler, est ce qui se trou-ue le plus prés de l'escaillon, qui est iustement où doit reposer les extremités de l'emboucheure.

Raison pourquoy le Cheual tient quelquefois le nés trop auancé.

ELles font plusieurs en nombre ; sçauoir, la mauuaise habitude, la nonchalence, la pesan-teur naturelle, la foiblesse, la lassitude extréme, la fausse stature du col, l'imperfection des macheoi-res par paresse, ou pareestre trop chargé de chair sur le deuant: mais auec tous ces deffauts, si le Cheual à l'arc du col bien tourné, & la macheoire suffisam-ment ouuerte pour luy bien ramener la teste, & le guerir de telles imperfections, il faudra vn œil haut, vne branche hardie, & l'escache, ou la pe-tite oliue.

Quand le Cheual porte le col estendu, & le nés trop auancé, & que ce soit par debilité & manque de force, donnés luy la branche longue & flaque, & luy laissés reuenir ces forces auec l'habitude & la douceur.

Remarque belle & veritable.

IE penſe auoir deſia aduerty le Lecteur en quelque endroit de ce Traitté, que le Cheual qui ſe
rencontrera de bonne inclination, ayant l'appuy de
la bouche naturellement bon, ferme & leger, re-
ceura paiſiblement toutes ſortes de Mors que l'on
luy voudra eſſayer ; mais celuy qui ſe rencontrera
d'humeur colere & bizare, ou qui aura la bouche
ou la barre trop dure ou trop ſenſible, ne ſe gagne
pas touſiours ſi facilement ; au contraire, il ſe trouue bien ſouuent, que quoy que la bride ſoit bien
faite & dans toutes ces dimentions & iuſtes proportions, lors qu'il en reçoit quelque déplaiſir dés
l'abord, il ſe dégouſte & ſe déplaiſt ; ſi bien qu'il
n'aime de long-temps la bride ; & bien ſouuent
cette raiſon fait qu'il ne s'aſſeure iamais ſi bien ; &
ainſi perd l'occaſion du vray & ferme appuy de la
main.

Ce qui me fait donner auis inuiolable à celuy qui
voudra emboucher vn Cheual, & principalement
lors qu'il le connoiſtra fort ſenſible, apprehenſif,
ou capricieux, de luy faire mettre le nouueau Mors
en la bouche bien net, & bien oint de miel roſat,
& le luy laiſſer trois ou quatre heures par iour en la
bouche, par l'eſpace de deux ou trois iours pour le
maſcher & le reconnoiſtre ; ſçauoir, le premier
iour le laiſſant à l'Eſcurie ; le ſecond iour, le pro-

menant de pas à la Campagne, estant dessus, le plus
doucement qu'il se pourra, laissant la gourmette
plus longue que son iuste point ; & encor le troisiesme iour qu'il sera exercé auec sa nouuelle bride,
il se doit soigneusement garder de luy offencer la
bouche ny la sous-barbe, & sur tout sans luy rendre aucun déplaisir, tant de la main que des tallons,
afin que se sentant point incommodé à la bouche, à la sous-barbe ny aux costés, il se trouue
apres en asseurance auec ladite bride; puis qu'il
n'a eu aucune occasion de la haïr ny de la craindre.

En vn mot, ie supplie mon Lecteur de rechercher auec tant d'exactitude & de curiosité,
les bons effets des branches, emboucheures &
gourmettes, que i'ay fait dessigner en ce mien
petit labeur, qu'il puisse réüssir à bien brider son
Cheual.

Ce qu'il fera sans doute, s'il obserue ponctuellement le naturel du Cheual, & qu'il prenne garde à
toutes ces parties.

Apres, il pourra faire eslection de l'vne de mes
emboucheures, pour la donner au Cheual, selon
le temperament de sa bouche, de sa force, & de
ces esprits, ayant sur tout égard à l'œil & à la gourmette, afin que tout cela se rapporte à la forme & à
la nature de la fente, de la bouche, & de la sous-
barbe, en y adjoûtant vne branche, qui façonnera

&

& fouftiendra legerement la ferme fituation de la
tefte & du col du Cheual ; de forte que l'affemblage
de toutes ces pieces bien ajuftées , compofent vne
bride , qui fe trouuera proprement & iuftement
compofée pour donner l'appuy folide à la bouche foible , ou trop fenfible , allegera celle qui
tirera ou s'appuyera plus qu'à pleine main , ramenera & courbera le col qui fera trop eftendu , ou
le redreffera à celuy qui l'aura par trop courbé,
profitera à la bouche égarée , corrigera celuy qui
porte trop haut , empefchera la bouche forte de
s'emporter ; & en vn mot on pourra venir à bout
autant qu'il fe peut humainement, parlant de tous
les deffauts de la bouche des Cheuaux , auec les
Emboucheures , les branches & les gourmettes
que i'ay enfeignées , pourueu que l'on s'en ferue
auec iugement & à propos , auec toutes les precautions dont i'ay aduerty mon Lecteur ; & cela
d'autant plus certain & veritable, fi tous mes auis
font fuiuis & executés par vn bon homme de
Cheual, qui foit fourny de fcience , de patience,
& d'vne pratique jointe à fon experience.

Voila, mon Lecteur, vn aduis autant neceffaire qu'il eft veritable , & autant vtile que nul autre que i'aye efcrit dans ce petit Traitté.

G

Confideration neceſſaire & veritable.

IL eſt tres-vray que la branche eſt l'vne des principales parties du Mors, tant en ces effets, comme en ſa beauté, & qui fait autant paroiſtre le
Cheual, & qui décore beaucoup ſa poſture, principalement à ceux qui s'arreſtent à conſiderer la
beauté ; c'eſt pourquoy ie donne auis en ce lieu
que l'on ſe ſerue de belles branches, & qu'on les
enrichiſſe par quelque roſette bien faite & bien
proportionnée, pouruen que ſa forme aye bon
effet ; ce qui ſe peut facilement par l'ordre du Caualier, & par le moyen du bon Eſpronnier.

Remarque neceſſaire.

IL faut tenir pour conſtant, que la longueur
des branches ne ſe peuuent proprement expli-
quer ; & il faudroit vn diſcours tout entier pour
en dire les raiſons. Ie me contenteray de vous
aduertir, que pour l'vſage d'icelles, on ſe doit
gouuerner ſelon la taille du Cheual, ſelon la grandeur ou groſſeur de ſon encolleure, & encor ſelon qu'il l'aura bien ou mal tournée, & ſelon
l'inarçature de ſon col ; ce que ie laiſſe à la diſ-
cretion du ſçauant Eſcuyer, & du bon Eſpronnier.

On peut auſſi dire qu'il en eſt la ſemblable choſe des Emboucheures ; car il ſe faut gouuerner ſelon que la bouche du Cheual eſt eſtroite ou large , & que la fente d'icelle eſt petite ou grande.

Mais à mon auis, telle que ſoit la bouche , il faut touſiours tenir le canon ou autre Emboucheure, plûtoſt vn peu long que trop court, afin qu'il donne plus de liberté au Cheual : La raiſon de cela eſt , que l'action de la bride eſt fortifiée par la longueur du canon , qui appuyant vniment ſur les barres, laiſſe le plaiſir , la liberté & la ſenſibilité à la bouche , & la rend fraiſche & eſcumante.

Concluſion.

ENfin, pour conclure ce mien petit labeur, ie deſire, en le finiſſant, aduertir mon Lecteur , qu'il eſt tres-important qu'il prenne de ſoin de trauailler ſeulement ſon eſprit à bien connoiſtre, & s'appliquer aux preceptes que ie luy ay enſeignés : comme auſſi à l'vſage & à la pratique de mes branches & de mes Emboucheures ſeulement , ſans rechercher auec tant de ſoin & d'artifice les brides & les emboucheures extraordinaires ; & qu'il tienne pour conſtant, qu'il n'en trouuera point , qui ſimplement de ſoy puiſſe rien

profiter à changer ou forcer la naturelle fantaifie
du Cheual capricieux , qui par quelque neceſſité
ou deffaut naturel , portera la teſte ou le col de
mauuaiſe grace , dautant que les moyens incer-
tains , trop ſouuent & trop rigoureuſement con-
tinués , apporteront ſans doute quelqu'autre chan-
gement qui ſera pire & plus déplaiſant , & preju-
diciable , que celuy auquel on aura voulu donner remede par le moyen de ces Mors extraordinaires , violents & confuſément appliqués.

Mais les effets de la bride bien ordonnée , ſans tant
de contrainte & d'artifice , jointe à l'exercice fre-
quent de la bonne Eſcole & de la bonne main ,
pourront ſans doute beaucoup mieux aider à la
Nature , & le gagneront certainement plûtoſt
par l'habitude , qui changera auec le temps cette
action fauſſe , bien meſme qu'elle fuſt naturelle ,
en vne qui ſera bonne & loyale , ou du moins
vous pouués eſtre aſſeuré qu'elle ſera beaucoup
moins mauuaiſe.

Ainſi vous aurez , en bien trauaillant , le plaifir & le profit de dreſſer voſtre Cheual , & de l'emboucher ou brider de telle maniere , que ſoit par
Païs , au Maneige , à la Campagne , ou en tel endroit qu'il vous plaira de le faire manier , ou le conduire ſimplement par le droict.

Il aura vne obeïſſance entiere à la main & aux
tallons , ſi bien qu'il obeïra à voſtre main par la

conduite de fa bride ; il obeïra aux tallons par
l'habitude que voftre methode luy aura donnée ;
& enfin entendant bien l'vn & l'autre, il vous
portera à voftre gré, là où voftre volonté le voudra conduire, qui eft tout ce qui fe peut fouhaiter
de ce gentil & fuperbe animal.

Mors à simple canon, le premier & le plus doux de tous.

CE Mors est vn simple canon, auec la branche droite, l'œil de mediocre hauteur, & le bas de la branche percé au bout.

Sa gourmette doit estre grosse, ronde, & les esses fort pressées; le Mors, la gourmette, & les crochets bien forgés, bien limés, bien estamés, & bien polis.

C'est ce Mors que vous donnerés sans contredit à tous les ieunes Cheuaux ou Poulains, qui n'auront encor esté montés au Maneige, ny à la Campagne; ce que l'on nomme Poulain non dompté.

Cette Emboucheure ne leur peut incommoder la bouche ny le pallais, non plus que les barres & la branche droite & flaque ne le peut contraindre.

La grosse gourmette ronde & bien pressée, ne luy doit pas entamer la sous-barbe.

Vous en voyez le dessein au costé droit, pour en commander vn semblable, à quelque Poulain ou à tel ieune Cheual que ce soit, l'ordonnant à la proportion de sa taille.

Mors à simple canon.

Simple canon , second Mors du premier effet.

CEluy-cy est encor vn simple canon pour le mesme vsage que le precedant ; il y a seulement cette petite difference , qu'il a vn peu plus d'effet, & qu'il sied & vient mieux au Cheual que celuy qui le precede : Vous vous en pouués seruir comme de l'autre.

Son œil est de bonne hauteur , son coude peu releué , sa branche flaque , & se peut dire à l'Italienne.

Sa gourmette & toutes les suiuantes de chaque Mors, doiuent estre grosses, rondes, les esses bien pressées , & les crochets plats & bien polis, ou bien vous ferez faire la gourmette platte & d'vne piece, lors que vous le iugerés necessaire.

Autre

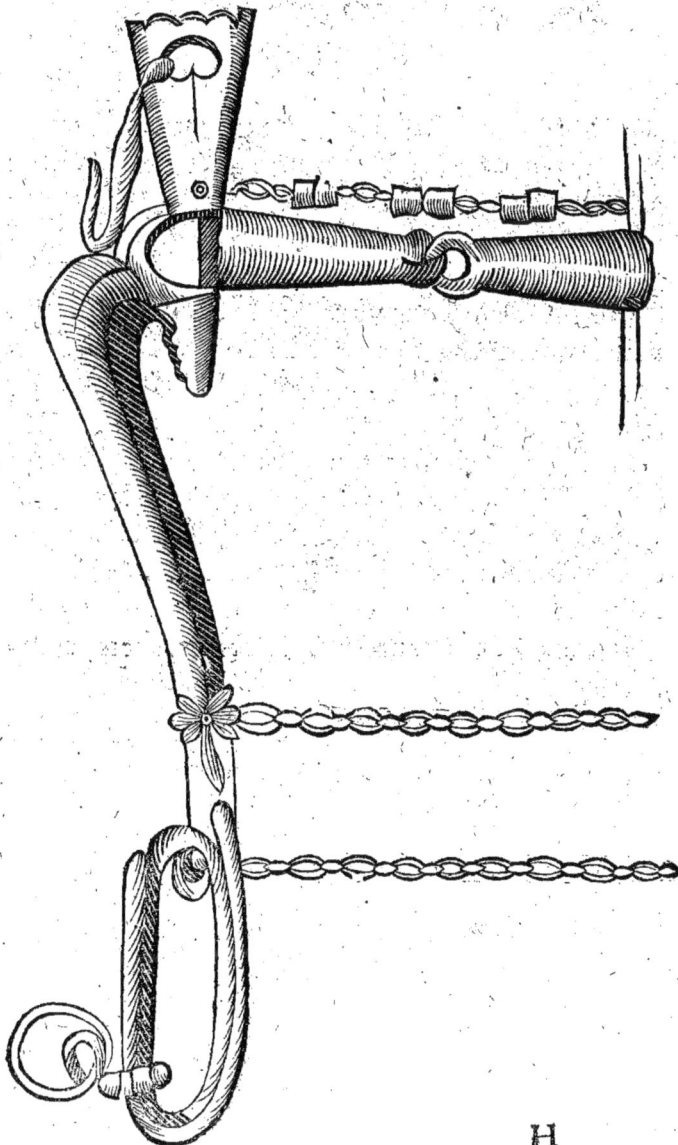

H

Troisiesme Emboucheures des douces du premier effet.

CE Mors ou Emboucheure est nommée canon montant ; il est de plus d'effet que les deux precedans : Son œil est haut & droit, son coude vn peu releué, sa branche gaillarde, & dite à la Françoise.

C'est le Mors dont vous vserés, apres auoir trauaillé quelque temps auec le simple canon, lors que vous connoistrés qu'il ne fera pas assez d'effet à vostre Cheual.

Ce Mors est aussi tres-propre pour acheminer les ieunes Cheuaux à la Campagne, en les menant en voyage ; le montant leur donne plaisir & le moyen de se ioüer, en passant la langue au dessous de l'Emboucheure.

Il doit auoir la gourmette & ces crochets, comme i'ay desia dit.

Canon montant.

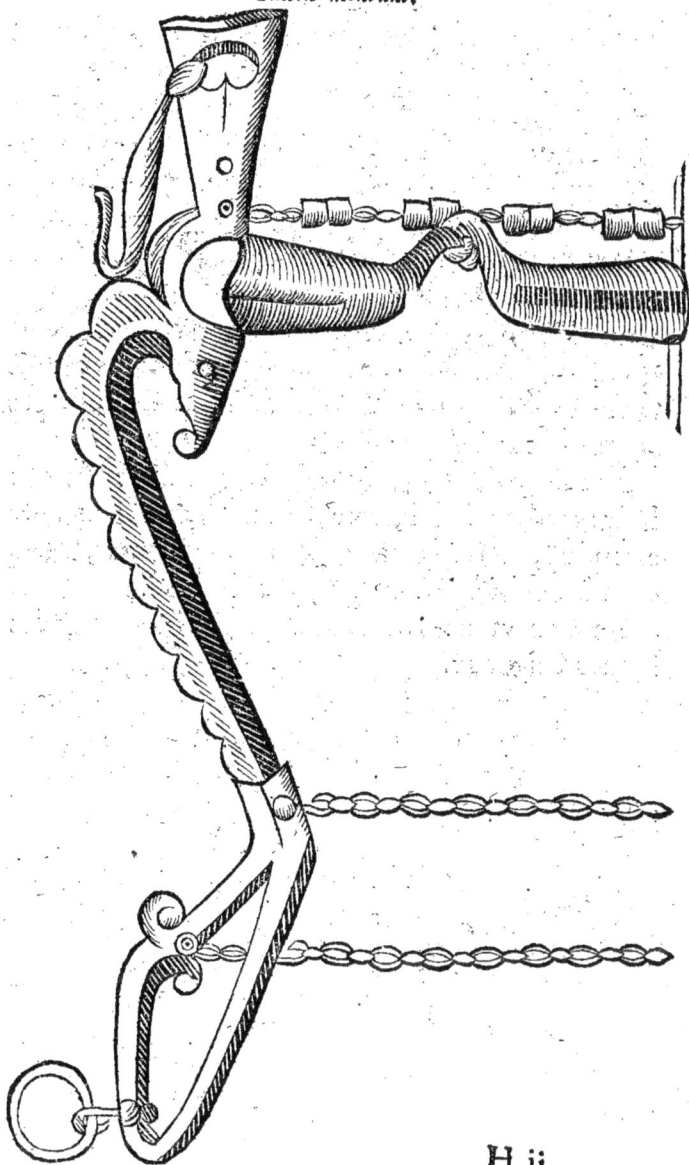

Mors à canon piston, quatriesme du premier effet.

CE Mors ou Emboucheure , se nomme canon
à piston; il est encor des plus doux ; mais comme tous les Cheuaux n'ont pas la bouche de mesme nature les vns que les autres, ny si agreable que
l'on la pourroit souhaitter, vous choisirez l'vn de
ces quatre premiers canons à tous les ieunes Cheuaux & Poulains ; car bien qu'ils ayent tous presque semblable effet , ils accommodent pourtant
bien souuent quelques Cheuaux , & ne sont pas
propres aux autres.

Le canon de ce dernier est vn peu plus gros que
les precedans , sa liberté de langue vn peu plus
estenduë, son œil est bas, sa branche flaque, le bas
de la branche à pistolet, & percé à costé.

Il est en vn mot bon & commode pour tous les
ieunes Cheuaux.

Canon piston.

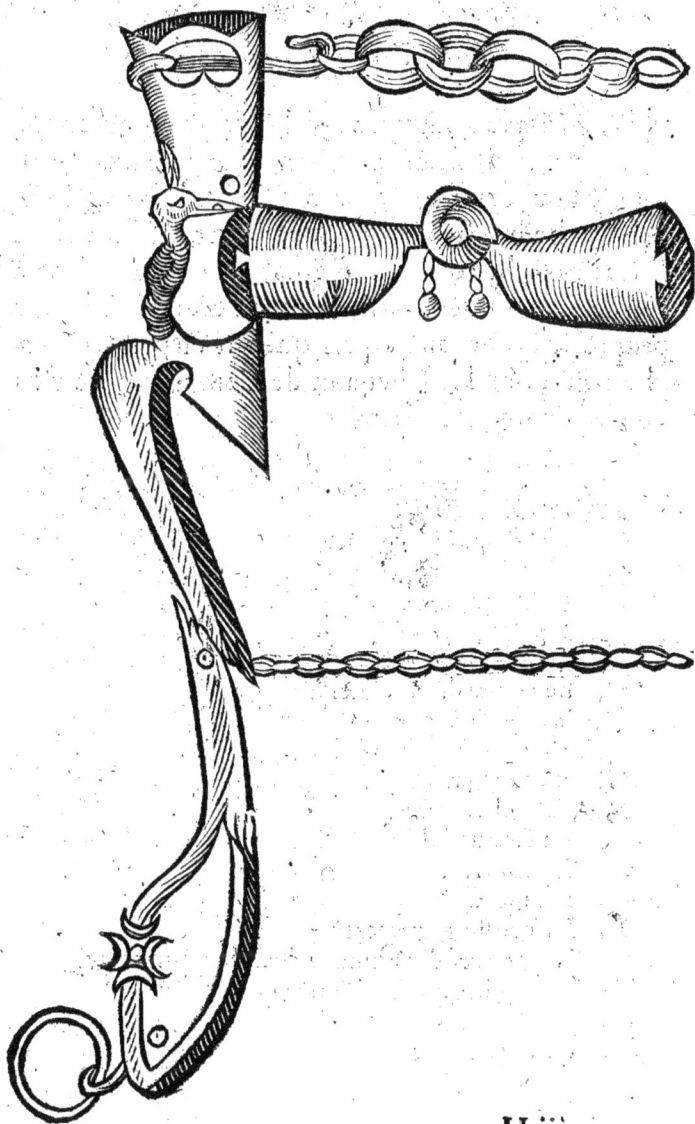

Mors à canon col d'Oye, cinquiesme & dernier des doux du premier effet.

CE Mors se nomme le col d'Oye, & commence à ce ressentir de ceux qui ont plus d'effet ; car son œil est haut & renuersé, son coude beaucoup releué, sa branche hardie, auec vn faux jarret, la branche à la Connestable & percée à costé ; ce qui l'oblige à soustenir, releuer & ramener tout ensemble : il est propre aux Cheuaux espais qui ont vn peu de bouche : Et pour les Cheuaux de Campagne, ie vais vous en marquer les parties.

AA, Toute l'Emboucheure.
BB, Le col d'Oye.
C, La liberté de langue.
D, La tranchefile.
E, L'œil du Mors.
F, Le banquet.
G, Le plis du banquet.
H, Le coude de la branche.
II, Toute la branche.
H,L, La gaillardise de la branche.
M, Le faux jarret.
NN, Les chaînettes.
O, La Connestable.
P, Le tourret.
Q, L'anneau.
R, La grosse gourmette.
S, Le petit crochet immobile de la gourmette.
T, Le crochet qui soustient la gourmette.
V, La broche.
X, La sous-barbe.

Canon col d'Oye.

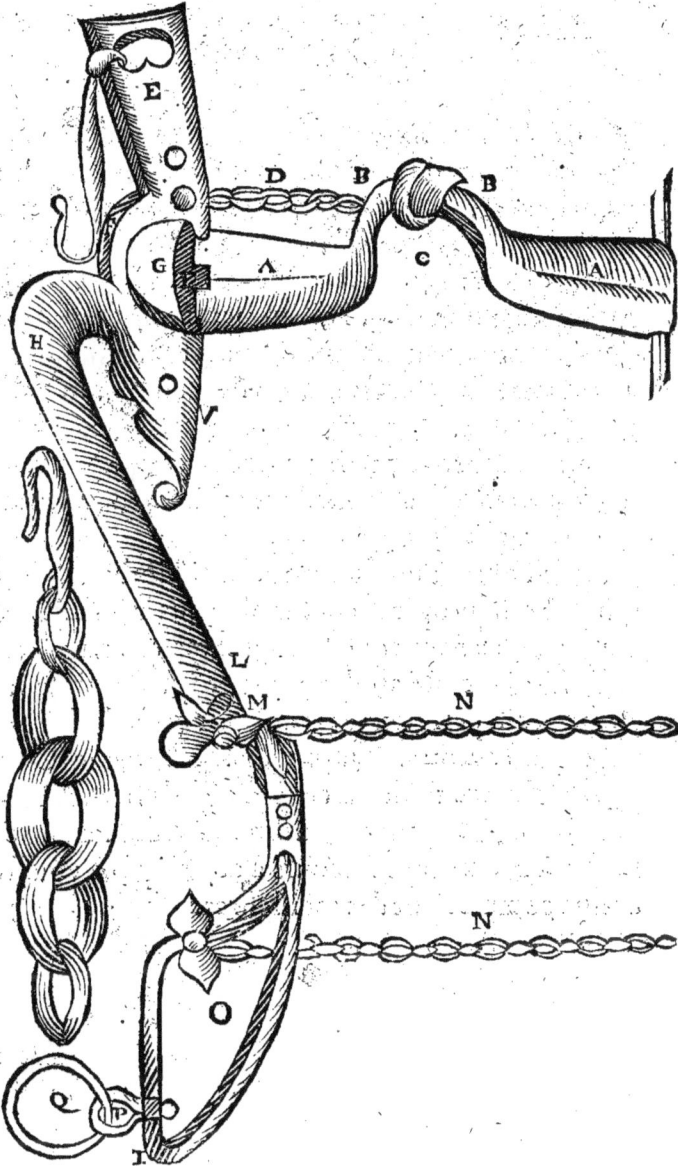

Maintenant fuiuent les cinq Emboucheures
du fecond effet.

CE Mors ou Emboucheure fe nomme à trompe
ou à cane, il eſt de plus grand effet que les cinq
precedans, & pourtant ſans eſtre par trop rude ; &
bien qu'il ſoit d'vne piece, il n'eſt pourtant pas
violent, & ne ſçauroit entamer ny bleſſer les barres
ny le pallais ; la trompe eſt vn peu courbée, afin de
donner moyen au Cheual de placer ſa langue ſans
eſtre preſſée : Il y a trois annellets au milieu de la
trompe qui roulent, afin de diuertir le Cheual ; ſon
œil eſt mediocre en ſa hauteur, le coude peu releué, la branche à la Conneſtable plus flaque que hardie, & ſon bas percé à coſté.

Ie ne connois point de meilleure Emboucheure
qui ſoit plus propre & commode à quantité de Cheuaux ; Elle a tous ces effets puiſſans & doux, elle
retient ſans contraindre ; ſon effet ne violente
point, & ſa perfection eſt de tenir la teſte du Cheual ferme & droite. Eſſayez ce Mors à tous les Cheuaux de legere taille, à ceux d'Eſpagne, aux Barbes ; & lors que vous ne réüſſirez pas auec les autres
Emboucheures, ayez recours à celle-cy, ie vous la
donne comme l'vne des meilleures.

Mors à trompe ou à cane.

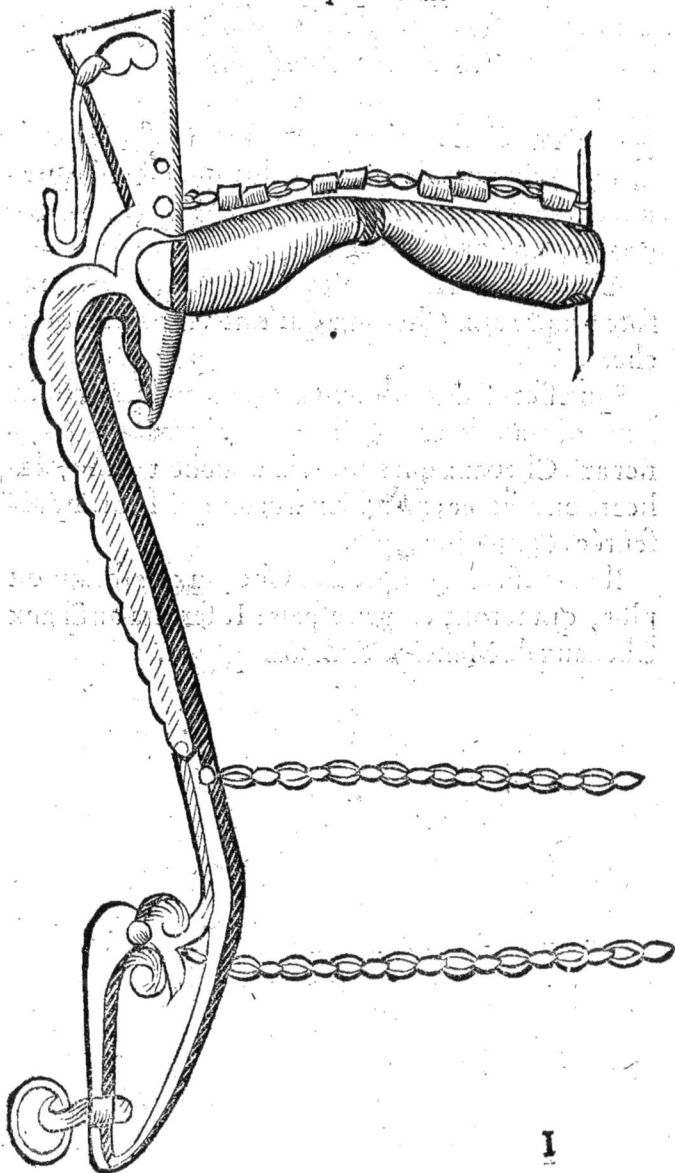

I

Mors à canon à pignatelle , deuxiefme Embou-
cheure du fecond effet.

CEtte Emboucheure eft vn canon à pignatelle , qui porte le nom de celuy qui en eft le premier inuenteur, qui eft le Seigneur Anthoine Pi-
gnatel , Italien de nation.

Cette Emboucheure eft veritablement bonne &
fort propre aux Cheuaux qui ont vn peu de bouche.

Son effet eft de tenir les Cheuaux en leur deuoir,
fans pourtant les trop gefner ; il ne le faut pas donner aux Cheuaux qui auront la bouche tendre, delicate ou efgarée ; mais bien à ceux qui l'auront af-
feurée , & à pleine main.

Il eft auffi fort propre aux Cheuaux de fix ans ou
plus, qui feront vn peu efpais : Il feruira auffi aux
Cheuaux de Maneige & de Campagne.

Canon à pignatelle.

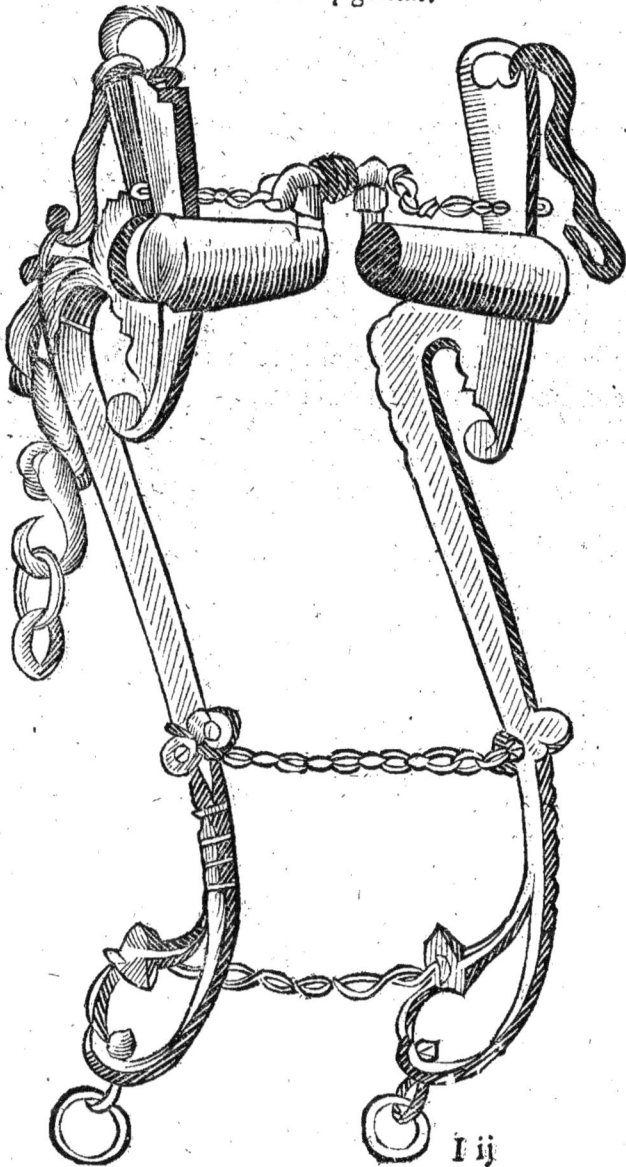

I ij

Mors à Eſcache à pignatelle , troiſieſme Embou-
cheure du ſecond effet.

CETTE Emboucheure nommée Eſcache à pignatelle , a encore vn peu plus d'effet que la
precedante.

Vous la donnerez aux meſmes Cheuaux , & outre cela aux Cheuaux d'Eſpagne. L'œil eſt aſſez
haut & rond, la branche plus flaque que hardie,
ſon bas entre la Conneſtable & le basrond , & per-
céeau bout ; cette Emboucheure tient les Cheuaux
aſſez ſujets , mais la branche releue & ne force pas.

Escache à pignatelle.

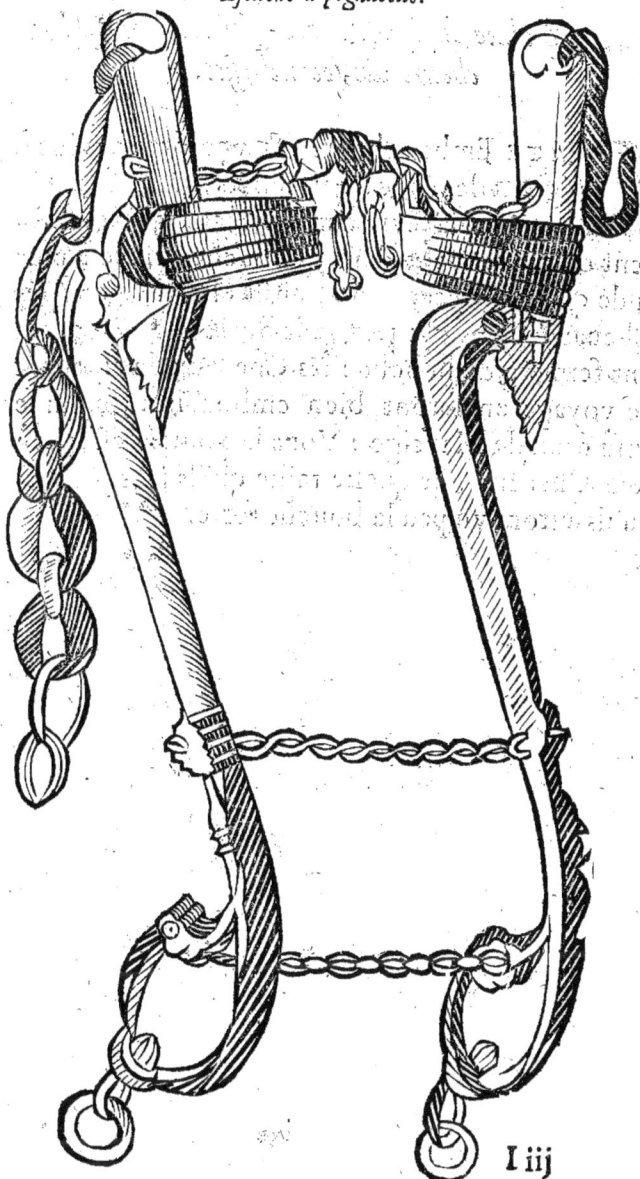

Mors à oliue à pignatelle, quatriesme Embou-
cheure du second effet.

CETTE Embouchéure est vne petite oliue à
pignatelle, auec les annellets des deux costés
pour desarmer la lévre aux Cheuaux qui les reti-
rent ou renferment dans la bouche ; elle est plus
rude que les precedantes, aussi est-elle pour les
Cheuaux espais qui tiennent du Roussin, & qui
ont fermeté de bouche : les Cheuaux de chasse &
de voyage en seront bien embouchés, comme
aussi ceux de Maneige : Vous la pourrés essayer à
tous Cheuaux, de quelle taille qu'ils soient, lors
qu'ils auront vn peu la bouche forte.

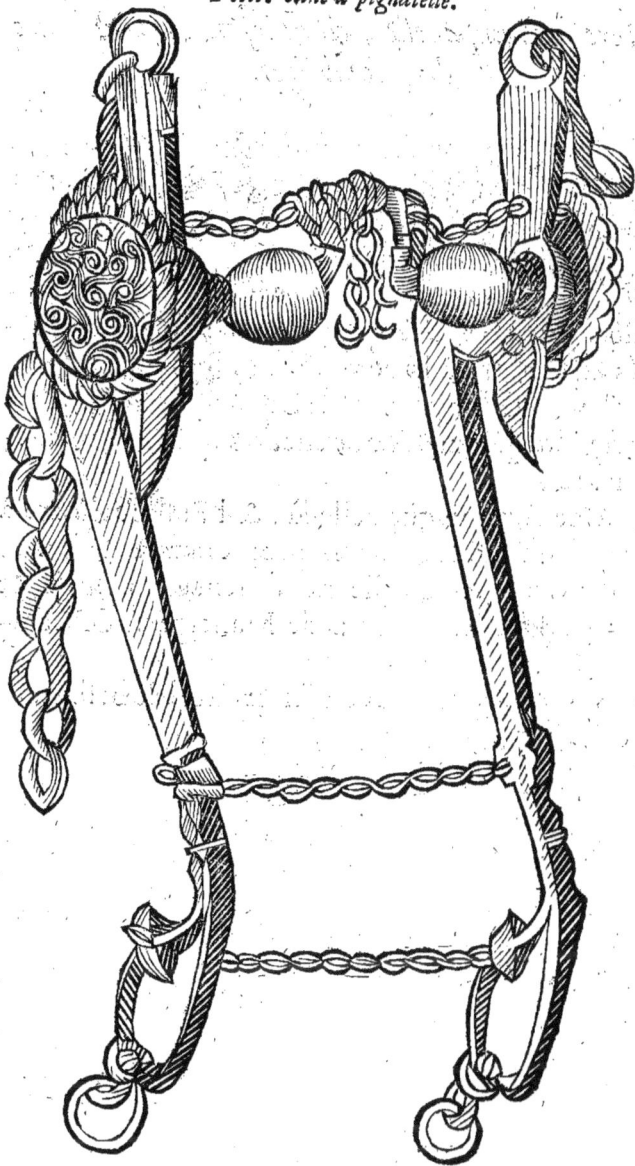

Mors à Campanelle, cinquiesme Emboucheure du second effet.

CETTE Emboucheure a esté depuis long-temps en vsage ; & bien que l'on ne s'en serue pas ordinairement, elle est neantmoins de bon effet : I'ay appris des Anciens qu'elle est l'vne des premieres que l'on aye inuentée , & qu'elle a seruy aux premiers Cheuaux qui ont porté frin , pour estre guidés & assujettis à la conduite de l'homme.

C'est aussi son ancienneté qui luy a donné place parmy les quinze Emboucheures que i'ay iugé necessaires.

Ie ne connois que celle-là , & l'Emboucheure à annellets , qui soient bien propres aux Cauales.

Ce n'est pas qu'elle ne se rencontre souuent propre pour les Cheuaux de Maneige & de Campagne.

Vous pourrez vous en seruir en cas de besoin.

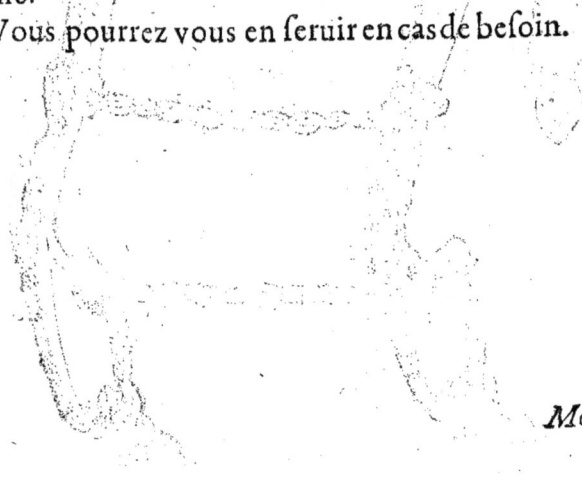

Mors

Mors à Campanelle.

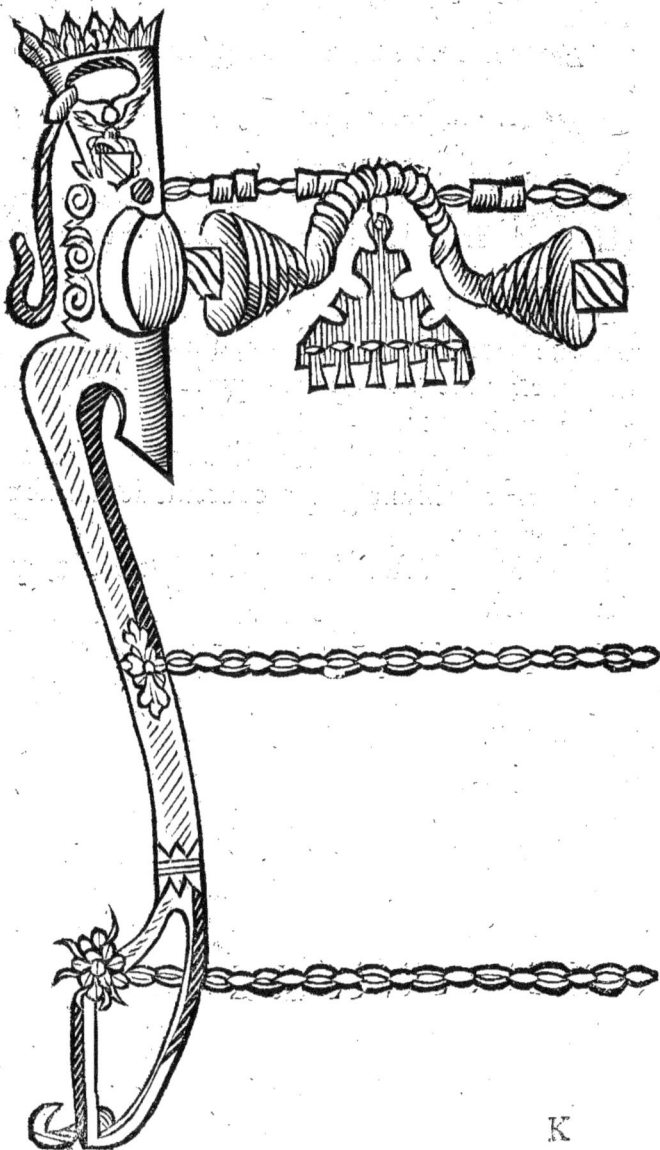

Mors à groſſes ballottes d'vne piece , premiere
Emboucheure du troiſiéme & dernier effet.

C'E s t icy l'Emboucheure qui commence les
cinq du plus violent effet ; & ſi la force de ce
Mors n'eſtoit corrigée par la douceur de ſa branche & de ſon œil, elle ſe pourroit dire tout à fait
rude.

Mais ſon œil haut , ſa branche flaque , ſon bas
preſque rond & percé au bout, diminuë beaucoup
de ſon effet ; ce qui empeſche que le Cheual ne ſoit
geſné ny violenté.

Il eſt pourtant pour les Rouſſins & gros Cheuaux
eſpais , tant de Maneige que coureurs de Chaſſe ou
de Campagne.

Son effet eſt pluſtoſt de ſouſtenir & releuer, que
de ramener.

Mors à grosses balottes.

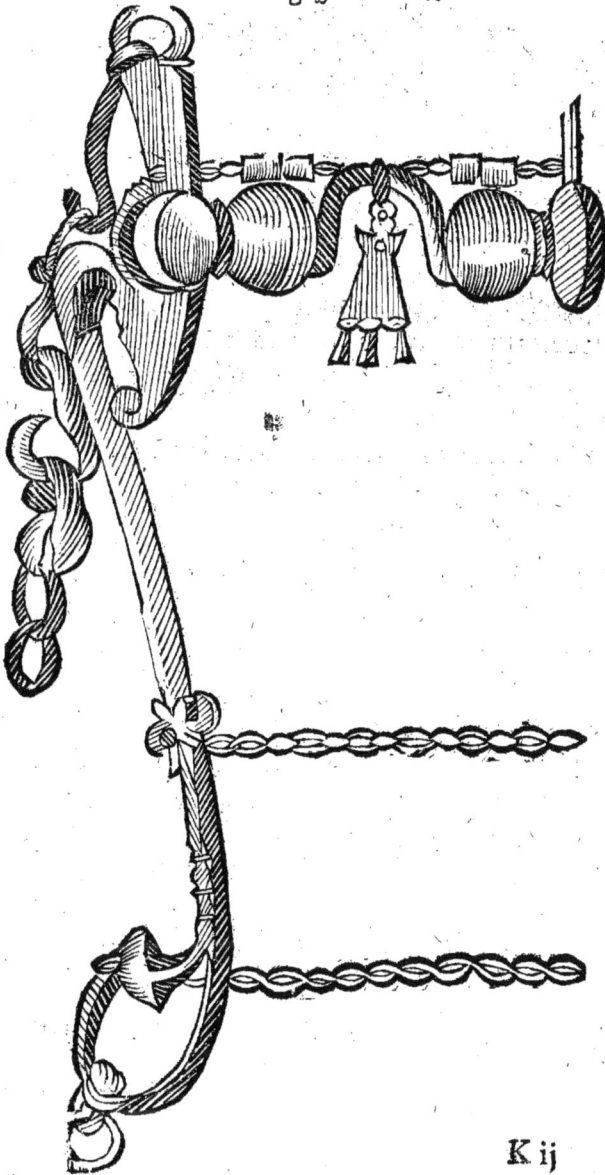

Mors à poires à pignatelle, seconde Emboucheure
du troisiesme & dernier effet.

CETTE Emboucheure est veritablement rude
& forte ; & si elle estoit accompagnée d'vn
faux jarret à sa branche, consideré l'ouuerture de
son coude, qui est fort releué, & que la branche
fust percée à costé, comme elle est au bout, elle
seroit certainement des plus rudes.

    Ce Mors doit seruir aux gros Cheuaux, chargés
de teste, de ganache, de col, & d'espaules, & qui
forcent ordinairement, & pesent à la main.

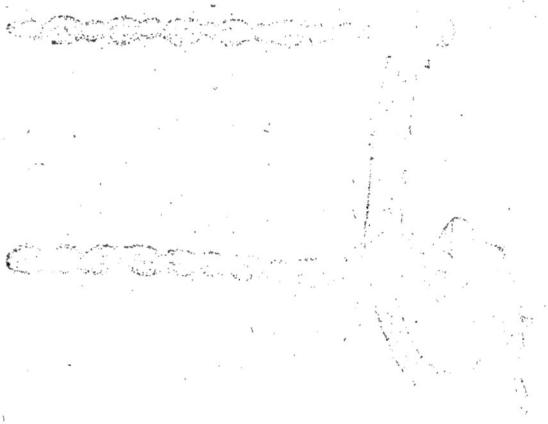

Mors à poires à Pignatelle.

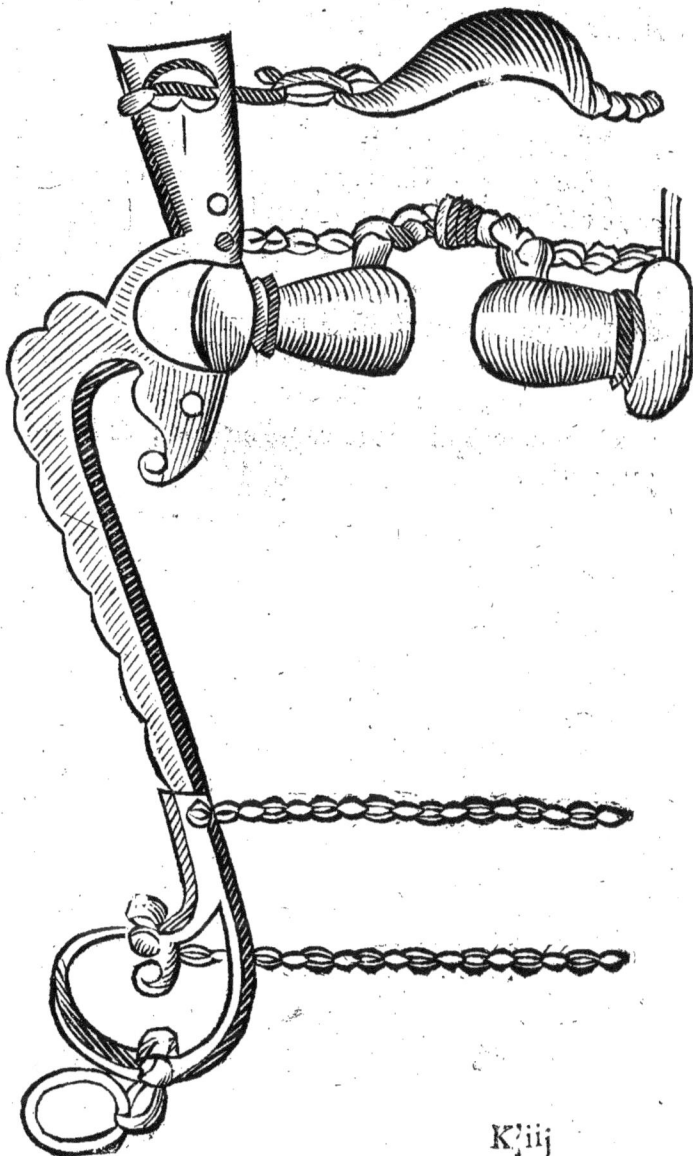

*Mors à poires renuersées, troisiéme Emboucheure
du dernier effet.*

CETTE Emboucheure eſt ſemblable & du meſme effet que la precedante; il y a ſeulement
cette difference, que le gros de la poire eſt du coſté
des annellets, & le petit bout eſt du coſté de la
pignatelle; ce qui luy donne le nom de renuerſée,
dautant qu'elle eſt poſée à reuers.

   Du reſte, elle eſt du meſme effet, & pour les
meſmes Cheuaux : on donne auſſi cette derniere
aux Cheuaux qui ont le canal eſtroit, & la langue petite.

Mors à poires renuerſées.

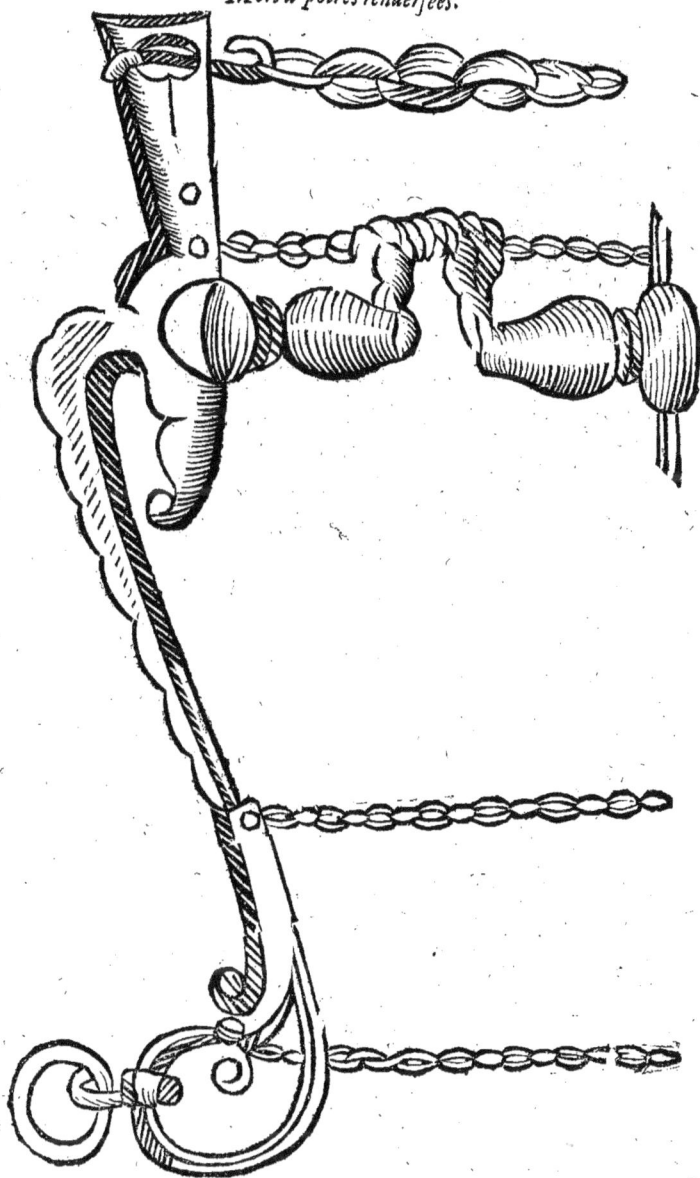

Mors à grosses oliues à pignatelle, quatriesme du troisiesme & dernier effet.

CETTE Emboucheure est dite grosse oliue à pignatelle , & est l'vne des plus rudes & de plus d'effet, si vous considerez la force de sa branche, la hauteur de son œil qui est renuersé , vous asseurerés que ce Mors doit estre rude. Son effet est pourtant plustost de soustenir & releuer, que de ramener : Sa branche est entre flaque & hardie, & se nomme à bas rond.

Elle est pour tous les gros Roussins & Cheuaux d'Allemagne , ou de quel Païs ou Climat qu'ils soient, lors qu'ils forcent la main , & s'emportent auec ardeur ou violence.

Grosse

Groſſe oliue à pignatelle.

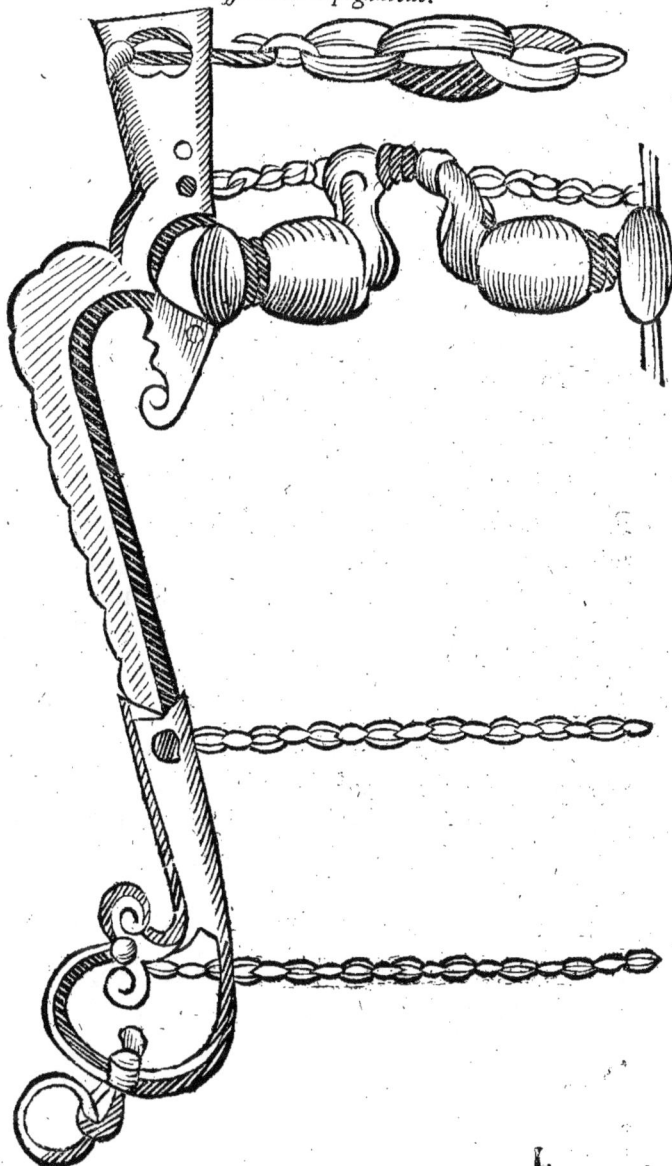

L

Mors à oliues à pas-d'asne d'vne piece, cinquief-
me & dernier des quinze Emboucheures
promises, & la plus rude de toutes.

CETTE Emboucheure, la derniere & la plus
rude de toutes, se nomme oliue à pas-d'asne
d'vne piece ; c'est celle qui se peut dire rude en tous
ces effets : L'œil est renuersé, le coude fort releué,
& par consequent fort hardie, vn demy faux jarret, le bas rond qui doit estre percé au costé, & son
Emboucheure ne peut estre plus ferme ; ce qui compose le Mors rude, fort, & de grand effet.

Si bien que ce Mors n'est propre qu'aux gros
Roussins & Cheuaux d'Allemagne, chargés de
teste, de col, de ganache & d'espaules, qui ont la
bouche dure, les barres rondes & charnuës.

Il dépendra du iugement du Caualier de se seruir de tous les Mors & Emboucheures que i'ay fait
dessigner en ce lieu, selon l'occurrance, les essayant
les vnes apres les autres aux Cheuaux qu'il voudra
emboucher selon leur taille, apres qu'il aura consideré leur naturel, leur bonne ou mauuaise bouche, & bien pris garde si elle est fausse, delicate ou
tendre.

Il est tres-certain que l'vne d'icelles réüssira sans
doute à toutes sortes de Cheuaux, de quel Païs,
climat, ou âge qu'ils soient.

Mors à oliue à pignatelle à pas-d'asne.

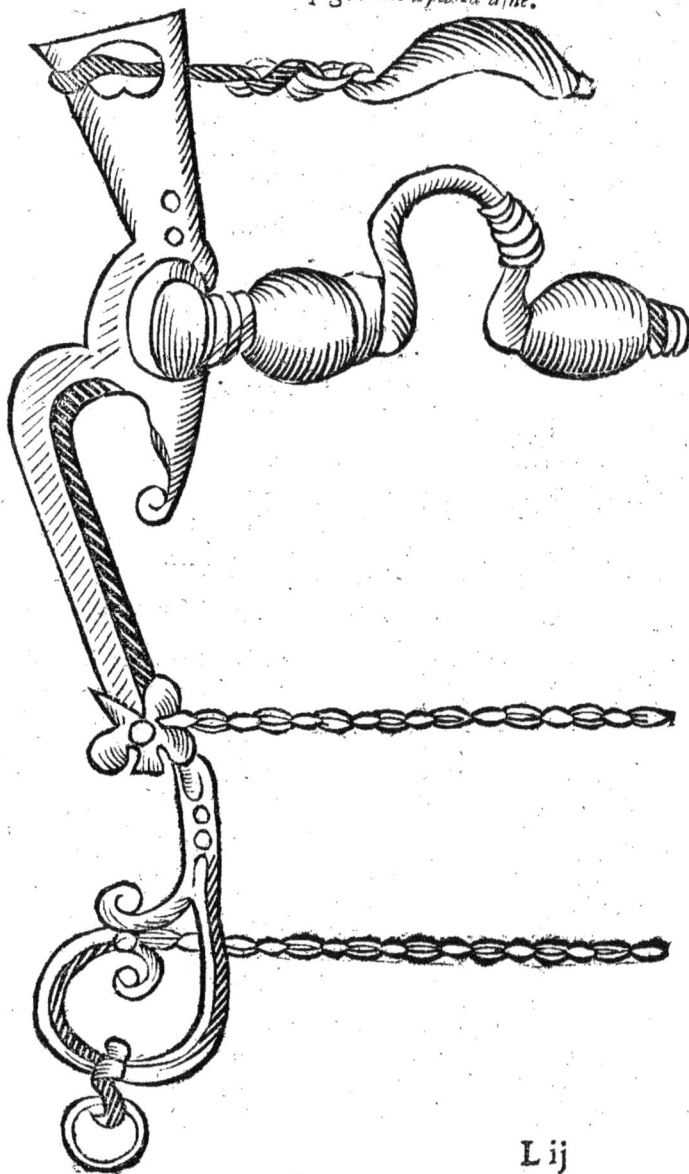

TRAITTE'

Les parties du Cheual selon l'ordre du chiffre.

22. Les oreilles,	24. Le boulet.
3. Le fronc.	25. Le pasturon.
4. L'estoille.	26. Le sabot, la corne, ou la couronne.
5. Le chanfrin.	27. La pince du pied.
6. L'œil.	28. Les talons.
7. Les sallieres.	29. La solle.
8. Les sourcils.	30. La fourchette.
9. Le bout du nez.	31. Les crains.
10. La lévre dessus.	32. Le tupet ou le bouquet.
11. La lévre dessous.	33. Le garrot.
12. La bouche.	34. La place de la selle.
13. La sous-barbe.	35. Le dessus du nombril.
14. Le canal.	36. La croupe.
15. La braye.	37. La queuë.
16. La ganache.	38. Les hanches.
17. L'encolleure.	39. La cuisse.
18. La gorge.	40. Le jarret.
19. Les espaules.	41. La jambe.
20. Le bras.	42. Le dedans du jarret.
21. Le genoux.	43. Le pasturon derriere.
22. Le dedans du genoux.	44. Le ventre.
23. Le canon.	45. Les costés. 46. Les narrines.

LEs endroits où les maladies les plus ordinaires viennent aux Cheuaux, la gourme paroist dans la braye au chiffre 15. les rhumes paroissent aux narrines chiffre 46. Les auiues paroissent au costé de la braye au chiffre 15. Tout mal de bouche paroist à la bouche au chiffre 12. L'espaulé paroist à l'espaule, au chiffre 19. Les hanché paroist à la hanche au chiffre 38. Les malandres paroissent au dedans du genoux au chiffre 22. Les soulandres paroissent au dedans du jarret au chiffre 42. Le sureau paroist le long du canon au chiffre 23. Les rauars viennent à l'vn des quatre pasturons au chiffre 25. & 43. Les sesmes paroissent au costé du sabot au chiffre 26. Les blesmes paroissent sur la solle au chiffre 29. Les creuasses viennent aux quatre jambes, comme aussi les molettes. Les courbes viennent au jarret dedans ou dehors au chiffre 40. Les blesseures sont fort dangereuses sur le garrot au chiffre 33. comme aussi au dessus du nombril au chiffre 35.

Toutes les fluctions, comme grappes, arrestes, porreaux, peignes, & autres vilenies & eaux puantes, peuuent venir aux quatre jambes ; mais elles tombent bien plus souuent sur le derriere que sur le deuant.

Le Cheual reprefenté dans fon ordre.

Selle fermée, ou à piquer.

CETTE Selle que vous voyez deſſignée eſt la veritable, de laquelle on ſe doit ſeruir pour le Maneige, afin de pouuoir dreſſer les Cheuaux ſans incommodité : Elle ſe nomme Selle fermée ou à picquer.

Ce ſont auſſi les meilleurs & les plus commodes Eſtriés, pour bien les garder & s'en ſeruir au Maneige.

Selle fermée, ou à piquer.

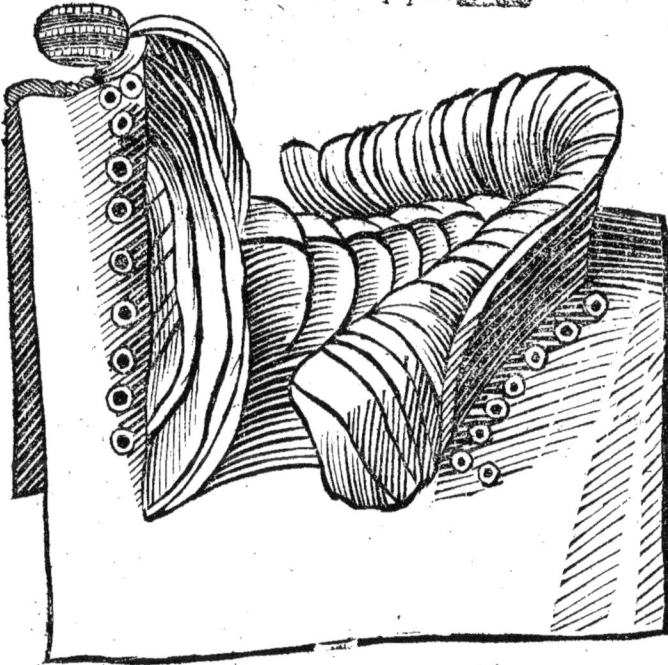

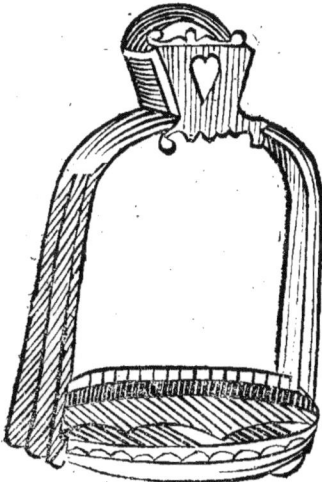

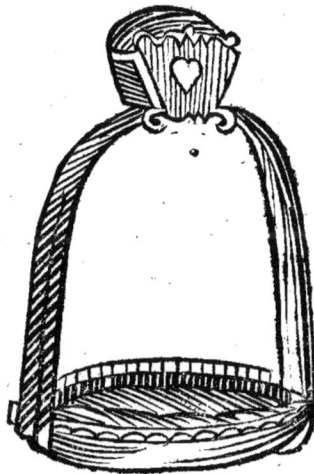

Vous pouuez voir icy dépins les Esperons ordi-
naires & extraordinaires.

ET bien que ie ne me serue pas des extraordinaires, ie n'ay pas laissé de les faire dessigner,
tant par curiosité, que pour la commodité de ceux
qui desireront s'en seruir.

Mais selon mon sens, les ordinaires peuuent
suffire.

Esperons

Esperons ordinaires & extraordinaires.

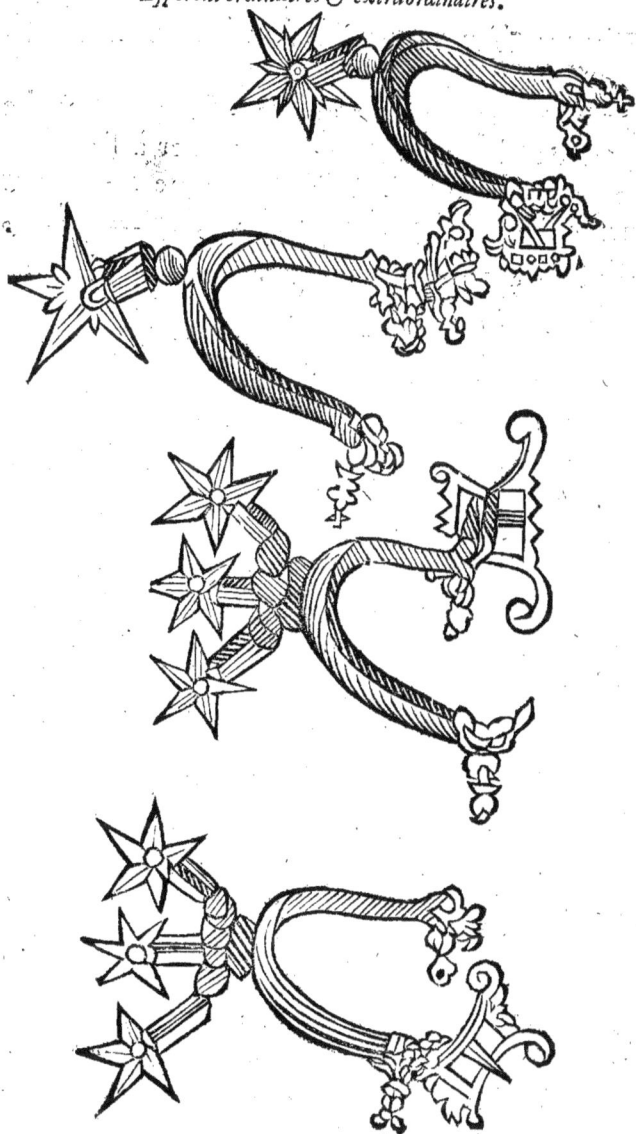

M

Filet pour bien conseruer la bouche aux Cheuaux.

C'Est icy vn Filet pour conseruer la bouche
aux Cheuaux, & pour les mener à l'eau, où
les conduire en main à la Campagne, sans leur
incommoder la bouche, le pallais, ny les barres,
non plus que la sous-barbe.

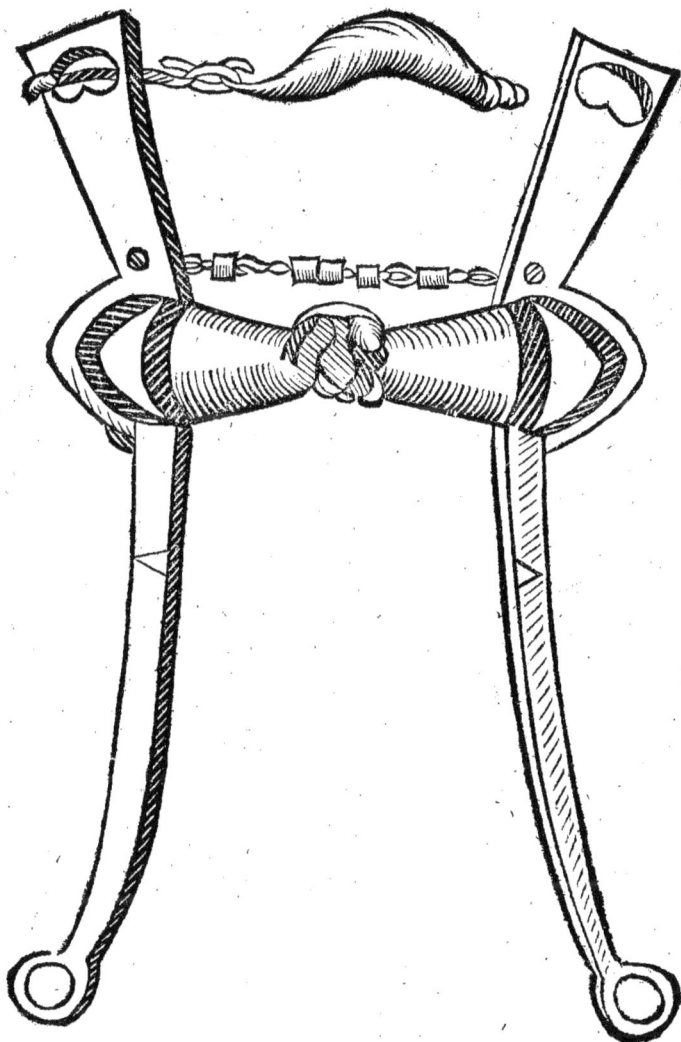

Les doux Cauessons.

VOus pouuez icy voir & connoistre deux sortes de Cauessons; c'est à sçauoir celuy qui se
nomme Siguette ou Camarre A, A, & le Cauesson
plat qui est à costé marqué B, B.

Le Siguette, ou Camarre est pour les Roussins
& gros Cheuaux, qui sont chargez de teste, d'en-
colléure & d'espaules, afin de les leur assoupplir,
& leur gagner la teste & les espaules; comme aussi
pour ceux qui ont la bouche dure & le col roide.

Il y doit auoir, tant aux vns comme aux autres,
vne testiere, vne sous-gorge, & deux longes de
cuir ou de corde; sçauoir aux anneaux, C, & D,
pour pouuoir plus commodément tirer la teste des
Cheuaux, aussi bien à droit comme à gauche, &
ainsi leur bien plier le col & les espaules.

Il faut qu'il y aye encor vne grande corde, auec
le contre-sanglot, & la boucle auec son ardillon,
que l'on doit attacher à l'anneau marqué E, pour
pouuoir bien faire estendre le Cheual.

Pour le Cauesson simple & plat, il est le plus doux
de tous, & est propre pour les Cheuaux delicats &
fins, peu chargez de teste, de col & d'espaules, qui
n'ont pas la bouche dure, ny le col roide, comme
sont d'ordinaire les Barbes, & les Cheuaux de legere taille.

Ils doiuent estre tous garnis & equippez comme
i'ay dit cy-dessus.

Les deux Cauessons.

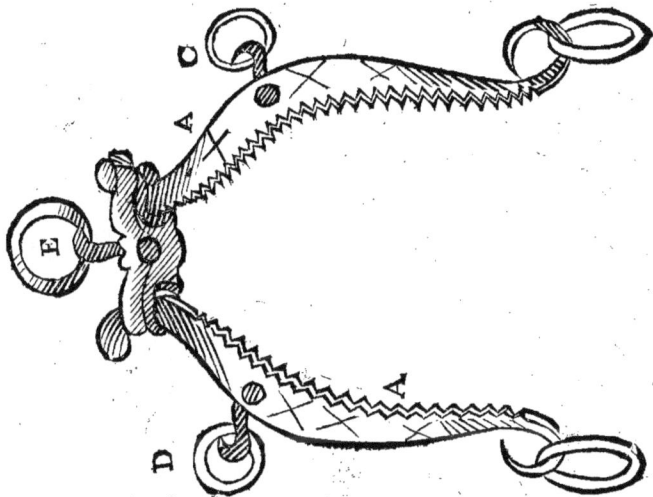

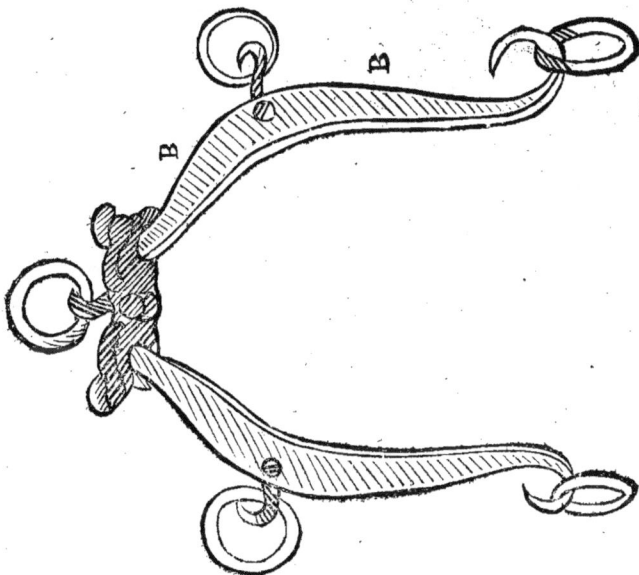

Le Masticadou & le Cauesson.

I'AY encore fait icy deffigner deux Figures que i'ay iugé neceffaires, tant pour l'inftruction du Caualier, que pour l'vtilité des Cheuaux.

Sçauoir vn Mafticadou & vn troifiéme Cauef-fon, qui tient le milieu entre le plus rude & le plus doux.

Pour le Mafticadou, il n'eft pas feulement pro-pre pour penfer les Cheuaux de la main, lors que l'on les tourne vers les pilliers, pour auoir la com-modité de les bien eftriller & penfer.

Mais il eft auffi tres-propre pour leur mettre dans la bouche, lorsqu'ils ont trauaillé, afin que maf-chans ledit Mafticadou, ils fe purgent & déchar-gent le cerueau, rendent la bouche fraifche, efcu-mante & plaifante.

Pour le Cauefson que vous voyez icy deffigné, il fe nomme Cauefson rond ou tors, qui tient le mi-lieu entre le doux & le rude: auffi eft-il propre aux Cheuaux de mediocre taille, qui font d'affez bon-ne nature, & lors qu'ils n'ont pas la tefte, l'encol-lure, ny les efpaules par trop dures, ou roides.

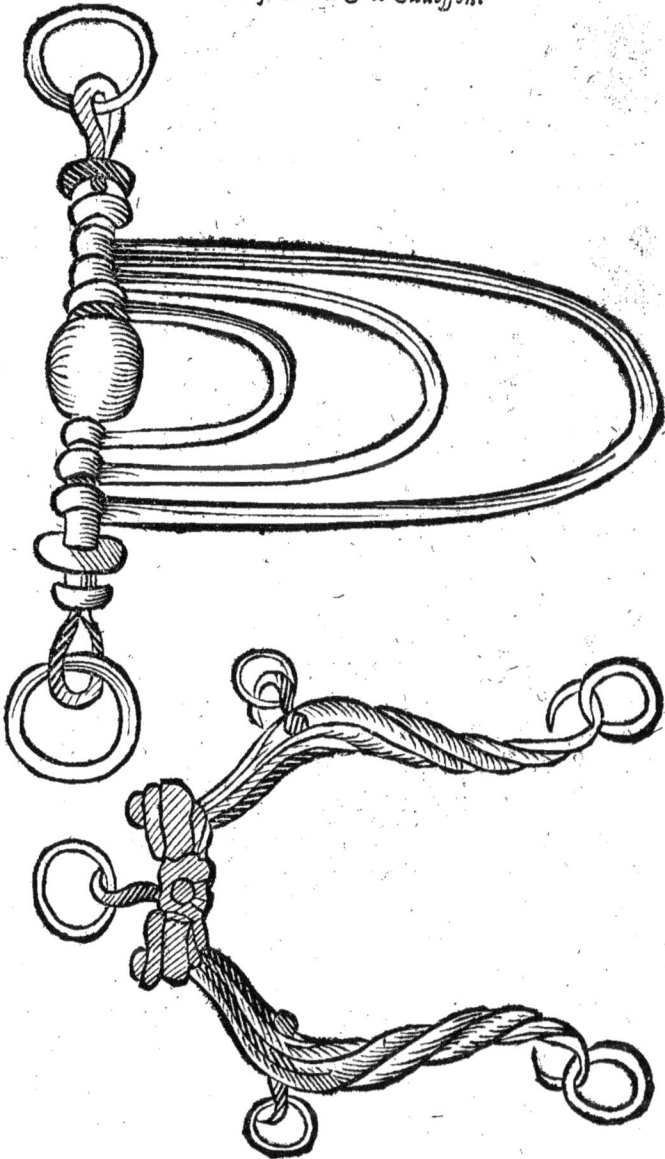

REFLECTION NECESSAIRE
à mon Sujet.

E ſçay bien que l'on peut faire des Objections à toutes choſes ; la cauſe de cela eſt, que la Science eſt vne marchandiſe dont preſque tout le monde ſe croit le mieux partagé, chacun à ſon égard, & que les ſçauans, les mediocres en experience & en ſçauoir, iuſques meſmes aux plus ignorans, veulent ſelon leur opinion, quoy qu'erronée & ſans aucune connoiſſance de ce qu'ils voyent eſcrit pour l'inſtruction publique ou particuliere, cenſurent & trouuent à redire à tout ce qu'il y peut auoir de mieux & de plus intelligiblement démontré, ſans conſiderer s'ils diſent bien ou mal, n'ayans pour l'ordinaire aucun fondement, ny meſme de raiſonnement pour ſouſtenir leur opinion, que leur pure ignorance, ou que l'inclination naturelle qu'ils ont à contrarier tout ce qui ſe preſente à leurs yeux, ſoit par eſcrit ou en deuis particulier, joint au contentement qu'ils ont par leur ambition & enuie, de déchirer & de perdre la reputation de ceux a qui ils veulent mal, ſans en ſçauoir d'autre cauſe que l'intemperie de leur mauuaiſe humeur, qui n'eſt portée qu'à faire mal : Que

cela

cela ſoit donc par malice, ou par ignorance, ie me
trouue obligé de preuenir quelques Objections
que l'on pourroit faire ſur ce que ie diray cy-apres,
en parlant des Emboucheures douces ou rudes , &
voir de donner les raiſons neceſſaires pour contenter les Sçauans & les honneſtes gens : car pour
les ignorans ou les mal-diſans , ie ne me mets pas
beaucoup en peine qu'ils me donnent blaſme ou
loüange ; & ie feray, comme i'ay deſia dit, aſſez
ſatisfait, ſi les honneſtes gens , ſouffrant mes deffauts , & qu'ils agréent ma bonne volonté, qui
n'a pour objet que leur inſtruction & ma propre
ſatisfaction.

Mais afin que chacun puiſſe mieux goûter mes
raiſons, ie feray les Objections, que ie croy qui ſe
peuuent faire ſur ce ſujet , & meſme par les plus
critiques ; puis ie répondray à tout ce qui ſe pourra
objecter.

Premiere Obiection.

EN premier lieu, ie ſçay bien que l'on pourra
demander pourquoy i'ordonne vniuerſelle-
ment à tous les Poulains, & à tous les ieunes Cheuaux, qui n'ont encor eſté montés, vn ſimple canon, vne branche longue, & toute droite, puiſ-
que le Poulain ou ieune Cheual peut auoir dés cét
âge la bouche forte ou mauuaiſe, qu'il peut battre à la main, porter au vent, & le reſte.

N

Ie répons, que cette demande & objection eſt impertinante, & qu'il faut que cela ſoit pratiqué, ſans exception, pour deux raiſons.

La premiere, que ſi le Poulain à mauuaiſe bou-che, auec tous les autres deffauts qu'il y peut auoir à la bouche du Cheual, ſi ie luy donne vn Mors rude, ie le mets en colere par l'incommodité qu'il reçoit du Mors qui le bleſſe ; & ainſi ie le rends en eſtat de deſeſpoir, & de ne goûter iamais aucun Mors, qui eſt tout le contraire de ce qui ſe doit pratiquer; car le Poulain ne peut connoiſtre ny ai-mer aucune bride que celle qui ne l'incommode point, & qui ne le bleſſe point dans la bouche: C'eſt donc le plus doux de tous les Mors, & la plus flaque branche qu'il faut donner au Poulain, ſi on a deſſein de le mettre dans la main, afin de l'accoû-tumer à obeïr au point de la bride.

La ſeconde raiſon eſt, qu'il faut trauailler à fai-re en ſorte que le Cheual aime la bride, afin d'obeïr à la main ; ce qui ne ſe peut que par le moyen du petit Caueſſon rond, de l'Embraoucheure à ſimple canon, de la branche flaque, & de la douceur de la main du Caualier.

En troiſiéſme lieu, c'eſt le vray & plus aſſeuré moyen de connoiſtre la bonté, la douceur, & enfin les deffauts de la bouche du Poulain, qui ne ſe peut connoiſtre que par la voye du ſimple canon, & qui ne ſe peut auſſi bien facilement dreſſer ſans cette connoiſſance.

Seconde Obiection.

ON pourra encor demander pourquoy ie faits deffigner cinq Emboucheures du premier effet, qui font toutes à canon, fans qu'il y aye beaucoup de difference, veu que l'vne des cinq pourroit fuffire, puis qu'elles ont toutes vn mefme effet.

Ie répons, que cette demande ou objection eft encor auec moins de fens & de iugement que la premiere.

Car outre que les cinq Emboucheures ne font pas toutes femblables, ny mefme leurs branches, qui font bien plus gaillardes les vnes que les autres, adjoûtés à cela que l'œil eft ou plus haut, ou plus bas, & que l'effet du bas de la branche n'eft pas femblable. Il y a encor cette reflection à faire, fçauoir que tous les Poulains n'ont pas la tefte, l'encolleure, ny les efpaules les vns comme les autres, ny mefme la fente de la bouche, ny la groffeur de la langue femblable : Et en vn mot, ils ne font pas de femblable nature ; c'eft pourquoy i'ay voulu, auec beaucoup de raifon, auoir cinq Emboucheures douces pour les effayer aux Poulains, & leur donner celle qui leur fera le meilleur effet, & qui leur fiera mieux en la bouche : Il n'importe des cinq, puis qu'elles font toutes douces, & qui ne peuuent bleffer ny incommoder le Poulain, qui eft ce qu'il faut, & que l'on defire.

N ij

Troisiefme Obiection.

IL y peut encor auoir vne troisiefme demande
ou objection : On dit, pourquoy donner vn
Mors rude à vn Cheual qui a la bouche forte, qui
force la main & s'emporte ; puifque s'il eſt vray
que la force s'oppofe toufiours à la force, comme
la violence à la violence ; on peut dire vray-femblablement qu'il ne faut pas donner vn Mors rude
à vn Cheual qui a ce deffaut, dautant que ce Mors
rude, au lieu de luy plaire, luy nuiſt & l'oblige en
quelque façon à faire vn defordre, qu'il ne feroit
peut-eſtre pas, s'il auoit vn Mors doux.

Ie répons, que cette demande & oppofition eſt
plus fouffrable & beaucoup moins erronée que les
precedantes, & qu'elle femble à l'abord auoir quelque forte de raifon ; & c'eſt à celle-cy, comme la
plus efpineufe, où il faut répondre plus delicatement, & auec tout le fçauoir que poffede celuy
qui entend bien l'art d'emboucher les Cheuaux.

Ie dis donc que ie ne nie pas tout à fait cette oppofition, mais il faut que ce foit apres auoir bien
confideré & examiné les raifons que vous allez entendre, & encor auec toutes les diſtinctions que
i'ay à dire pour vous contenter, & vous defabufer
de cette fauffe opinion.

Ie pofe donc en faict, & dis qu'il faut vne Emboucheure rude à vn Cheual qui a la bouche forte;

ie dis de plus, qu'il y faut vne branche forte & hardie ou flaque, felon le befoin : Mais il faut vn bon
Caueffon feguette ; il faut vne main douce, ferme
& bonne ; il faut des Efperons difcrets ; il faut vn
iugement & vne patience qui ne s'emporte point à
la violence, & c'eft ce qui empefche le Cheual
d'eftre bleffé dans la bouche : car il faut fçauoir
que tel que puiffe eftre l'Emboucheure ou le Mors
entier, pourueu qu'il ne bleffe le Cheual dedans ou
dehors la bouche, il retient le Cheual fans le faf-
cher, il le fait obeïr fans le bleffer, & la connoiffance que le Cheual a que le Mors ne l'incommode
point, fe change en habitude, & enfin fe conuer-
tift en couftume : Et ainfi le Cheual, quelque mauuaife bouche qu'il aye, finon qu'il l'euft entierement defefperée, prend plaifir à fa befongne, maf-
che fon Mors, & paroift la bouche legere, efcuman-
te & plaifante. Voila vne des principales réponce
qu'il faut faire à cette objection ; mais il y en a bien
encor d'autres que ie diray cy-apres ; l'vne eft du
Caueffon, duquel i'ay dit vn mot en paffant : Apprenez donc en ce lieu, qu'il n'y a point de meilleur moyen au monde, pour arrefter la bouche d'vn
Cheual, & de luy rendre bonne, que par l'aide du
Caueffon, pourueu que le Caualier s'en fçache feruir bien à propos ; témoins le beau & bon Prouerbe, qui dit, nez de Cheual efcorché ou froiffé, &
bouche entiere : car il eft tres-certain que le Caueffon bleffant le Cheual exterieurement, luy fait con-

noiſtre que le Mors ne le bleſſe pas dans la bouche; ainſi pour ſa propre commodité il ſe retient de luy-meſme, & demeure dans l'obeïſſance de la main, & obeïſt à la bride.

Il y a encor d'autres reflecctions à faire ſur le ſujet de l'Emboucheure rude ; ſçauoir, qu'il faut remarquer & bien ſçauoir la cauſe pourquoy le Cheual à la bouche forte ; car ſi c'eſt à cauſe de ſon ardeur, ſans que de ſon naturel il n'aye pas la bouche fort mauuaiſe ; il eſt vray qu'il ne luy faut pas vne Emboucheure fort rude, crainte que ſon impatience ne luy cauſe des bleſſeures dans la bouche, ce qui luy donneroit vne habitude à s'emporter dauantage, & enfin il ſe poutroit ſe rendre la bouche égarée; mais à tel Cheuaux il faut vn Mors aſſez doux, il faut la branche forte & hardie, beaucoup de patience, & ne trauailler à rien autre choſe qu'à les adoucir, & à les mettre ſur les hanches.

Il y a encor des Cheuaux qui ſemblent auoir la bouche forte, dautant qu'ils n'ont point de force, & qui n'ont pas bons reins; d'où vient que l'on dit communement, manque de bouche, manque de force ; & il eſt vray. Or à ces Cheuaux là, il ne faut pas auſſi des Mors fort rudes, dautant que les bleſſeures qu'ils pourroient auoir à la bouche, leur cauſeroit plus d'incommodité, que leur manque de force.

Il y a encor des Cheuaux qui ont mauuaiſe bouche, à cauſe qu'ils n'ont pas bons pieds ny bonnes

iambes ; & ainſi ils ſont obligés de s'appuyer ſur le
Mors, que l'on appelle en ce rencontre la cinquié-
me iambe, afin de ſoûlager en quelque façon la
douleur qu'ils ſouffrent aux pieds & aux iambes :
C'eſt auſſi aux Cheuaux qui ont ce deffaut, qu'il ne
faut pas vn Mors fort rude, mais il faut qu'il ſoit
fort & d'vne piece, & auec beaucoup de fer, & la
branche bien forte.

Mais à tous les Cheuaux qui ont la bouche naturellement forte & mauuaiſe, chargés de teſte, d'encolleure, d'eſpaules, de ganache, qui forcent &
peſent à la main auec violence; à tous ces Cheuaux
il faut le Mors rude, & la main douce, afin de re-
parer le deffaut de la nature, & que la force de l'Emboucheure, de la branche, & de la groſſe gourmette, ſouſtienne & appuye cette groſſe maſſe qui ſemble tomber, & il en eſt de meſme : par exemple, lors
que l'on voit qu'vne poutre plie & menace de ruine, le meilleur eſt d'y appliquer vne bonne groſſe
eſtaye; car ſi on y mettoit vne cheneuotte, ou vne
eſtaye foible & caſſante, la poutre ne ſeroit pas ſoû-
tenuë à cauſe du peu de force de l'eſtaye : de meſme
ſi ces gros & materiels Cheuaux n'eſtoient ſouſte-
nus par quelque puiſſance extraordinaire, ils s'en
iroient à leur gré, ſans obeïr ny à Mors ny à main,
ſans que l'on les peut arreſter & tenir en leur deuoir.

Et pour derniere raiſon, ſi cette objection auoit
lieu, il ſeroit fort inutile que les bons Inuenteurs
des fortes & rudes Embouchcures, auſſi bien que

les bons Efperonniers, fe trauaillaffent tant tous les
iours à les fabriquer, fi elles n'eftoient neceffaires.

Il faut donc fuiure la verité & la raifon, qui eft
que le Cheual doit eftre embouché de l'vne de mes
quinze Emboucheures ajuftées auec l'vne de mes
fix branches, felon leur taille, & felon leur bonne,
mauuaife & mediocre bouche ; & pour le furplus,
il en faut laiffer la conduite au bon & fçauant Efcuyer, de qui la bonne & douce main concertée,
auec la delicateffe de ces Efperons ; parfait entierement les deffauts de la nature, afin de donner
moyen aux hommes de fe feruir de ce noble animal, qui leur a efté donné de Dieu & de la Nature,
pour la commodité de leur perfonne, & pour la
conferuation de leur vie.

BELLES

BELLES
REMARQVES
EN L'ART DE DRESSER
les Cheuaux;

Que i'ay tirées tant de la methode de laquelle ie trauaille, que de celle que i'ay pû recueillir de tous les meilleurs Autheurs que i'ay veus, & curieusement recherchez pour l'instruction publique.

L eſt vray de dire, qu'il eſt tout à fait impoſſible de dreſſer aucun Cheual, auant qu'il aye la faculté d'obeïr au Caualier, afin que cette connoiſſance luy faſſe conceuoir qu'il eſt ſon Maiſtre ; c'eſt à dire, qu'il eſt de neceſſité qu'il le craigne autant que ſon inſtinc le luy peut permettre, & que de cette crainte il procede vn amour qui 'oblige à obeïr, puis qu'il eſt tres-certain qu'il n'y a que l'amour & la crainte qui font obeïr toutes choſes, les hommes auſſi bien que les beſtes : Que ſi

O

cela eſt veritable, il s'enſuiura infailliblement que
le Caualier doit premierement trauailler à ſe faire
aimer & craindre de ſon Cheual, & ainſi il obeïra
pour l'amour de luy-meſme, crainte du chaſtiment; il y a pourtant cette difference, que l'amour
aux animaux n'eſt pas vne choſe ſi aſſeurée, dautant qu'elle dépend de leur caprice, au lieu que lors
qu'il craint, il dépend de ſa volonté, & quand il
obeït par cette connoiſſance, on le peut dire en eſtat
d'eſtre dreſſé: L'amour donc à vn animal, n'eſt pas
de grand effet ſans la crainte; car lors que le Caualier dépend du Cheual, ou de ſa volonté, ou pour
le dire plus clairement, lors qu'il eſt guidé par le
Cheual, c'eſt le Cheual qui dreſſe l'homme: Ie conclus donc que le Caualier doit eſtre le Maiſtre, qui
eſt le vray fondement pour dreſſer le Cheual, dautant que la crainte fait rendre l'obeïſſance, & la
couſtume à obeïr rend le Cheual acheué. Ce con-
ſeil eſt bon, & il le faut infailliblement ſuiure.

Des chaſtimens de l'Eſperon.

LE fondement de l'Art de dreſſer les Cheuaux,
eſt de tenir pour conſtant, qu'il faut que le
Cheual craigne l'Eſperon, pour bien obeïr au Caualier, ſuiuant le Prouerbe, qui dit; Ie feray pour
vous ce que le Cheual peut faire pour l'Eſperon,
qui eſt à dire tout, eſtant tres-vray que l'Eſperon
eſt le remede à tous vices, de quelque nature qu'ils

puiffent eftre : Tous les autres chaftimens font de
petit effet , pour ne dire pas inutiles & ridicules,
mais auec cét auis & precation ; fçauoir , qu'il faut
que l'Efperon , qui eft le chaftiment, foit appliqué
ferme de coup, & dans le mefme inftant que la faute
eft commife , & dans les occafions iuftes & neceffaires , & que la iambe fe remette auffi-toft en fa
place , fans chatoüiller le Cheual , ny luy refter
l'Efperon dans le poil ; car fi l'on le chaftioit hors
temps , fans befoin , ou encor pour vne faute legere, on gafteroit la befongne au lieu de l'auancer:
Prenés donc bien ma penfée, & croyez pour certain
que l'Efperon donné à propos eft l'vnique moyen
de bien dreffer vn Cheual ; car ce luy eft vn aduer-
tiffement de ne retomber plus en fa faute.

L'aide de l'Efperon appellé pincement.

CETTE manière d'agir en pinçant delicatement de l'Efperon, eft vne aide tres-excellente : c'eft en ce rencontre ou l'aide precede la faute,
afin de la preuenir , & empefcher le Cheual de la
commettre : Ce pincement où aide fe peut pratiquer en tous airs ; mais il eft bien meilleur aux airs
releuez , qu'à terre à terre, dautant qu'il releue plus
qu'il ne fait auancer.

De la main.

QVELQV'VN demandera volontiers pourquoy
ie n'ay pas fait ma remarque en cét Art pluſtoſt
de la main que de l'Eſperon : La réponſe eſt aiſée
à faire, & la queſtion facile à reſoudre, dautant que
bien que la main ſoit tres-neceſſaire, & de grande
cõſequence pour dreſſer vn Cheual; l'Eſperon pourtant eſtãt plus violent & d'vn plus grand effet, c'eſt
pourquoy il a deu eſtre mis en premier rang, dautãt
que i'ay poſé la crainte pour fondement de dreſſer
& faire obeïr vn Cheual; comme i'ay auſſi dit que
l'amour en vne beſte n'eſt que peu ſans la crainte:
Ie conclus bien, ce me ſemble, lors que ie dis que
la bonne main douce, ferme & bien placée, donne
de l'amour au Cheual pour ſon Maiſtre, & que l'Eſperon amer & violent luy donne la crainte ; ſi bien
que ces deux chaſtimens ou aides bien concertés
enſemble, donnent l'amour & la crainte, qui eſt ce
qui rend le Cheual en eſtat d'eſtre acheué ; car s'il
obeïſt à la main, qu'il craigne le tallon & le fuye,
quand le Caualier le veut, il eſt dreſſé.

Ie conclus donc que le tallon & la main bien en-
tendus enſemble ſont les arboutans, comme les
premiers mobiles pour dreſſer les Cheuaux.

Pour reduire vn Cheual retif.

LE meilleur remede & le plus doux, est de le
tirer par quantité de fois en arriere ; mais si
cela ne suffit & ne le corrige pas, vn ou plusieurs
coups d'Esperons donnés bien ferme & bien à propos, ne manqueront pas de le persuader : C'est le
meilleur moyen que ie sçache.

Pour vn Cheual qui s'emporte.

LE vray & le meilleur moyen qu'il y a pour empescher vn Cheual de s'emporter, est d'vser
de toute la douceur & la patience possible, crainte
de le mettre en colere, ou l'impatienter, car sans
doute ces deux choses l'obligent à perdre le souue-
nir de son deuoir, & il s'emporte ; mais si toute
cette patience & douceur se trouuent inutile, & que
sa malice ne puisse estre vaincuë par le flatter, &
l'adoucir auec patience, menez-le dans vne campagne ouuerte, & le poussez en l'esperonnant des
deux costez, & continuez iusques à ce qu'il se re-
lasche de luy-mesme ; & alors vous l'arresterez & le
carresserez beaucoup, luy donnant du pain ou de
l'herbe : & toutes les fois qu'il s'en voudra aller
malgré vous, il faudra le traitter comme i'ay dit,
ou si vous estes à l'estroit, en lieu renfermé, met-
tez-le autour le pilier auec la grande corde, & tenez
l'vne des reines fort courtes, & le faites fort trotter

O iij

& galopper de cette forte, cela le poura guerir de ce
vice, dautant qu'il luy fera tres-difficile de s'emporter en courant ou galoppant en rond. Si tout
cela ne le guerit point de fon emportement, faites
luy mettre les lunettes, & le faites poufler contre
vne muraille, & qu'il fe blefle la tefte contre icelle,
s'il fe veut emporter, pourueu que le Caualier fafle
ce remede auec iugement, le Cheual ne fera pas
blefle trois ou quatre fois à la tefte qu'il ne deuien-
ne fage : Voila tous les moyens qu'il y a pour ce
defaut.

Pour donner l'appuis à la bride.

LOrs que le Cheual n'a pas l'appuy bon, ou
qu'il n'eft pas foupple de col, ny d'efpaules,
ny de tefte, il le faudra faire regarder dans la volte,
& continuer quelque temps ; cela le guerira de ces
deux vices. Et s'il auoit trop d'appuy, & qu'il ne
fuft pas fur les hanches, il faudra le faire prefler par
le dehors de la volte ; & cela l'obligera d'obeïr à tous
les deux.

Il faut remarquer ce que ie vais écrire touchant les leçons, comme les plus belles & les plus excellentes de toutes.

IL faut galopper le Cheual d'vne pifte dans vn
cercle étroit vn tour ou deux ; & lors qu'il n'y
penfera pas, il le faudra faire auancer fur vne ligne

droitte, le chaſſant droit au bout d'icelle ; au bout
de laquelle vous formerez encor vn petit cercle
d'vne piſte par où vous paſſerez, & le ſuiurez deux
ou trois tours ; puis vous le ferez derechef auancer,
& le pouſſerez ſur vne ſeconde ligne droitte, au
bout de laquelle vous ferez le meſme petit cercle &
tour que i'ay deſia dit, de ſemblable nature des
deux precedans ; & puis vous prendrez encor vne
troiſiéme ligne, & ferez comme deſſus iuſqu'à ce
que vous en ayez accomply ou parcouru quatre de
la meſme methode. Ce que vous continuerez tous
les iours, tantoſt à droit, & tantoſt à gauche, tant
que vous le iugerez neceſſaire, & que le Cheual y
ſoit tres-bien rompu & accouſtumé, pour le rendre entierement obeyſſant ; puis apres il faudra le
galopper ſur quatre lignes droittes, & en faire vn
quarré, qui ſoit ſi large, qu'il contienne les quatre
petits cercles dont ie vous ay parlé cy-deſſus, ſur
lequel vous galopperez le Cheual de ligne en ligne,
ce qui eſt dit trauailler de quart en quart ſur les lignes droittes d'vn quarré. Vous obſeruerez qu'il
faut accouſtumer le Cheual à toutes ces leçons de
pas de trot, & finalement de galop ; mais pour le
galop, ce ne ſera que lors que vous le trouuerez
ſi libre & ſi leger, qu'il prendra ledit galop de luy-
meſme, qui eſt la fin requiſe d'vne des plus belles
& meilleures leçons qui ſe doiue pratiquer en l'Art
de dreſſer les Cheuaux ; Apres cela ſoyez aſſeuré
qu'il n'y a rien qui gagne & aſſeure tant la teſte &

les espaules d'vn Cheual, ny qui le mette mieux
dans la main, ny qui le fasse plûtost obeïr au talon;
mais il faut auoir soin de bien tirer la teste dedans,
de quel costé qu'il aille.

Vraye Obseruation pour dresser les Cheuaux.

ENtre tous les animaux, le Cheual estant le
plus noble apres l'homme; il est certes autant
au dessus des autres creatures, comme l'homme est
au dessus de luy, en sorte qu'il partage le milieu.
Entre l'homme & les autres animaux, ce noble animal, dis-ie, est adroit & subtil; ce qui est aisé à
conceuoir par ce que ie vais vous faire remarquer:
par exemple, lors qu'il se voit pressé & incommodé,
il cherche le moyen de se mettre à son aise, plus
adroittement qu'aucun Escuyer ne luy sçauroit enseigner, c'est pourquoy on y doit auoir égard en le
trauaillant: s'il est sur le deuant ou sur les espaules,
lors que l'on l'arreste, son nez est blessé par le Cauesson, & sa bouche patist à cause de la bride qui le
presse & le gesne. Or afin d'euiter l'vne & l'autre
incommodité, il ramene sa teste & se met sur les
branches; ce qui l'exempte d'auoir le nez blessé, &
la bouche gesnée. Et c'est ce que le Caualier desire.

De mesme lors qu'il est entre les piliers, s'il se
precipite en auant auec violence, le Cauesson luy
blesse le nez, & s'il se porte auec furie en arriere, le
Cauesson luy entâme le costé des ioües. Ainsi s'il

s'extrauague

s'extrauague deçà ou delà, le Caueſſon le bleſſe des deux coſtez ; c'eſt pourquoy trouuant toutes ſes incommoditez, il ſe place au milieu, & leue le deuant pour s'empeſcher d'eſtre bleſſé : & c'eſt ce que le Caualier deſire.

Tout de meſme, lors que l'on attache la corde du Caueſſon fort courte au pommeau de la ſelle, elle plie & rameine la teſte & le col du Cheual extremement dedans , ce qui l'incommode beaucoup ; ce qu'eſtant reconnu par ce ſubtil animal, il ne tire & ne preſſe plus ſur le Caueſſon ; & pource qu'il y trouue ſon aiſe , il s'accouſtume à bien plier le col & donner ſa teſte , qui eſt ce que le Caualier deſire.

Il en arriue ou réüſſiſt la ſemblable choſe , lors que vous attachez la corde ſi courte à vn pilier, que le Cheual ne ſçauroit ſe leuer que difficilement, dautant que ladite corde le rabat touſiours: Il eſt ſi adroit, que pour trouuer ſon aiſe il ſe met ſur les hanches, qui eſt le ſeul moyen pour le ſoulager : C'eſt ce que le Caualier deſire.

Ainſi, lors que vous luy mettez la teſte contre la muraille, il voit & connoiſt ſa teſte & ſon nez ſi prés d'icelle, que craignant de ſe heurter, il ſe met de luy-meſme ſur les hanches, qui eſt ce que le Caualier luy demande : Par ainſi à quelque action que le Cheual ſoit ſur les eſpaules, ſi le Caualier le fait paſtir, & le chaſtie bien à propos du Caueſſon & de la bride, il craint tant, que pour éuiter cette dou-

P

leur, il n'a point d'autre foûlagement que de s'affeoir fur les hanches, qui eft ce que le Caualier
defire.

Cauesson de grand effet, & la methode de l'atta-
cher pour s'en seruir.

IE prends vne longue corde ou longe de cuir,
qui a vn petit anneau attaché à l'vn des bouts; ie
passe l'autre bout de la corde ou longe dans ce mefme anneau, puis ie le mets autour du pommeau de
la felle, & luy attache ferme pour y demeurer fans
remuer, en apres ie mets la longe en bas, & la fais
passer par dans le liege de la felle, puis ie passe le
refte de la corde ou longe dans l'anneau du Cauaf-
fon droit en auant, & fais reuenir le refte de la longe dans ma main droite; i'en fais autant de l'autre
cofté, les attachant toutes deux fermes au pommeau de la felle, allant droit en bas le long le liege
de la felle, la mettant droit au trauers de l'autre
anneau du Cauesson, faifant ainfi reuenir cette
derniere longe en ma main gauche : Cette forte de
Cauesson eft tres-excellente, tant pour affeurer la
tefte d'vn Cheual, que pour le rendre ferme à la
main, & luy faire prendre le vray plis de fon corps,
luy preferuer la bouche, le faire arrefter ou aller
en arriere, & le faire tourner aifément à toute
main : outre tout cela, ie le puis plus maiftrifer
auec deux doigts en cette forte, que l'on ne pour-

roit faire des deux mains auec l'autre Cauesson
commun, ou à la vieille mode.

L'vtilité du Cauesson.

IE fousiens que l'on se doit seruir du Cauesson à
tous les Cheuaux, aux Poulains, à tous ceux que
l'on commence de dresser, aux demy dressez, à
ceux qui sont encor plus auancés, à ceux qui sont
acheués ; Et en sommes aux ieunes & aux vieux,
dautant qu'il leur donne le plis, leur preserue la
bouche, leur fait aimer la bride, les rend legers à
la main, leur rend le col & les espaules souples ;
si bien que lors que ie l'oste, ils manient à merueil-
le auec la bride seule ; car ayans la bouche preser-
uée, ils sont si sensibles aux barres & à la gourmette, que le moindre mouuement leur est vn
commandement absolu, au lieu qu'en se seruant
tousiours de la bride, elle leur rend la bouche dure, & les barres engourdies & de peu de sentiment :
Or il est vray que nous ne deuons desirer rien de si
sensible à vn Cheual que la bouche & les costés,
pource qu'il ne va que par le moyen de la main &
des tallons. Le Cauesson donc doit conseruer la
bouche, & la preseruation des costés dépend de la
discretion du Caualier.

Ce que c'est qu'eſtre bien ſur les hanches.

IE ſçay bien que tout le monde dit, il faut qu'vn
Cheual ſoit ſur les hanches pour bien manier, &
il eſt vray; mais il faut ſçauoir ce que c'eſt que d'y
eſtre, & ce que c'eſt de n'y eſtre pas : Par exemple,
poſez qu'vn Cheual ſoit preſque aſſis ſur la croupe,
neantmoins il n'eſt pas ſur les hanches, ſi les iambes de derriere ſont trop éloignées de la ligne de
nature, qui eſt eſtre entr'ouuert, & non pas ſur les
hanches; mais pour eſtre bien ſur les hanches, il
faut que les iambes de derriere ſoient dans les lignes
de nature ; l'os de la hanche droit en auant, & les
iambes de derriere auancées droit ſous le ventre,
pliant le nerf du jarret autant qu'il eſt poſſible :
Voila ce que c'eſt que d'eſtre ſur les hanches, & rien
que cela n'eſt eſtre ſur les hanches.

Ce qui m'a obligé, en vous donnant ces belles
Remarques, de vous faire conceuoir que le Cheual,
auec quelques autres animaux, raiſonnent à leur
façon, ou ſelon leur inſtinc, comme nous l'aſſeure
Pline, au Diſcours qu'il nous a laiſſé du naturel des
animaux, afin de ſe garentir du mal & de l'incommodité que la contrainte & la geſne, que leur donne l'Eſcuyer en les dreſſant, leur fait bien ſouuent
ſouffrir pour en tirer quelque choſe de iuſte ; comme auſſi pour vous faire auoüer qu'vn Cheual ne
ſçauroit eſtre dit acheué, s'il n'eſt bien aſſis ſur les

hanches; car alors la gourmette est libre, & il se
ioüe & prend plaisir à sa besongne, dautant qu'il
ne peut estre incommodé dedans ny dehors la bouche, puis qu'il est sur les hanches, qu'il est leger à la
main; & en vn mot, que le Mors & la gourmette ne
le pince ny ne l'incommode en pas vn endroit; mais
s'il y auoit quelqu'vn si peu habille homme en cét
Art, qui me dit que la gourmette pourroit bien
estre lasche, sans que le Cheual fust sur les hanches;
ie luy répondray hardiment que nul Cheual ne peut
estre sur les hanches que la gourmette ne soit lasche; c'est pourquoy, si-tost qu'il se trouue pressé ou
incommodé de quelque maniere que ce soit, il n'a
point d'autre milieu pour trouuer son aise, que de
se mettre de luy-mesme sur les hanches, qui est ce
que le Caualier desire.

Enfin si vous le portez si long-temps & si souuent d'vn tallon sur l'autre, qu'il soit ennuyé lors
qu'il est entre les piliers, il trouue le moyen de se
leuer & s'asseoir sur les hanches, qui est ce que l'on
luy demande.

Les commodités & le profit de la corde du
Cauesson attachée à l'arçon de la selle
ou pommeau d'icelle.

LA corde ou longe du Cauesson attachée cour
au pommeau de la selle, donne l'appuy au
Cheual, l'asseure dans la main, & luy affermist la

teſte : Elle eſt encor excellente pour celuy qui tire
ou peſe à la main, car elle luy tire la teſte dans la
volte, ce qui l'empeſche de s'appuyer ſur la bride,
& le rend fort leger pour le preparer au galop : Ce
meſme moyen eſt auſſi de bon effet pour aſſouplir
les eſpaules ; deplus, ce Caueſſon mis de la ſorte
donne de l'appuy, l'oſte à celuy qui en a trop, & de
plus il oblige le Cheual à galopper comme il doit,
car il allonge les iambes de dedans la volte, & ac-
courciſt celles de dehors, qui eſt ce qui doit eſtre.
C'eſt donc la vraye methode pour trauailler les eſpaules d'vn Cheual.

Curioſité aſſez remarquable.

LA forme en laquelle la nature a fait les iambes
du Cheual, ſes bras ſont faits de meſme que
les iambes de l'homme, le genoux ſe pliant ſur le
deuant, & ſes jambes de derriere ſe plient comme
les bras d'vn homme, le nerf du jarret ſe pliant ſur
le derriere, qui eſt tout à fait contraire ; car ſi les
jambes de derriere d'vn Cheual ſe plioient comme
celles de deuant, il iroit droit comme l'homme,
mais ces jambes de derriere ſe plians tout au contraire, elles ſont comme les bras de l'homme, & ſes
jambes de deuant comme les noſtres, ce qui oblige
le Cheual à marcher ſur les quatre jambes: Et il n'y
a point d'autre raiſon qui oblige les beſtes d'aller
ſur les quatre jambes, & le ventre en bas.

Pour mettre vn Cheual fur les hanches, il faut faire efleuer ces pieds de derriere de deux crampons affez hauts à chaque fer, & plus hauts que l'ordinaire, ce qui leur fera plier le jarret, eftans ainfi plus hauts du tallon que de la pince ; ce qui l'obligera de fe mettre fur les hanches.

Continuation des belles remarques.

PLufieurs perfonnes rabaiffent l'entendement du Cheual infiniment au deffous de celuy de l'homme ; qui neantmoins par leurs actions montrent qu'il y a plus d'entendement dans vn Cheual, que dans aucuns hommes: dautant qu'vn enfant eft long-temps auant que de connoiftre fes lettres, quelque temps apres auant que fçauoir épeller, & beaucoup de temps auant que fçauoir parfaitement lire : toutefois il y en a de fi ignorans, qui penfent que fi-toft qu'ils font fur vn Cheual qu'ils luy apprendront à manier en vn iour en le battant & efperonnant : ie voudrois bien demander à tels ftupides & lourdaux, fi en battant vn ieune garçon on luy apprendroit à lire ou efcrire fans luy auoir premierement enfeigné la methode, & les principes de l'Alphabeth ; certes on le pouroit battre iufqu'à la mort fans luy rien apprendre: Ne donnez donc pas, ie vous prie, plus d'entendement à vn Cheual qu'à vn homme, puis qu'vn Cheual doit eftre dreffé de la mefme façon que l'on apprend à lire à

vn enfant, ce qui se pratique ainsi : Pour les Cheuaux, on leur enseigne premierement à connoistre,
les faisans marcher le pas, le trot, & enfin le petit
galop: en apres par la frequente repetition à con-
uertir cette connoissance en habitude. Par exemple, lorsque l'on apprend à ioüer du luth, on est lóg-
temps auant que l'on puisse bien faire discerner le
son & l'armonie de ce que l'on touche : mais quand
on est sçauant, les doigts se remüent par la longue
habitude, sans que l'on songe ou ésitte à chaque
notte, ny à chaque point. Il en faut dire tout autant
d'vn Cheual dans le manege ; car il n'y a que la coû-
tume & l'habitude qui le rende acheué. Il est vray
qu'il ne faut que la main & le talon pour rendre vn
Cheual parfait ; mais il y a beaucoup de choses à
dire & à faire auant qu'il y obeïsse parfaitement. En
vn mot, nous n'auons que deux choses pour bien
dresser vn Cheual, qui sont l'esperance & la recompense. Il faut donc plus trauailler le Cheual par
l'entendement & la ceruelle, & par bonnes & fre-
quentes leçons, repettées bien souuent, que par la
force & la ruine de ses iambes & de son flanc, afin
qu'il puisse penser à ce qu'il doit faire : que s'il ne
pense point, comme dit le fameux Philosophe
Monsieur Descartes de toutes les bestes, on ne sçauroit iamais leur enseigner ce qu'ils doiuét faire, que
par l'esperance de la recompense, ou par la crainte
du chastiment ; de sorte que lors qu'il a esté recom-
pensé ou chastié, il pense à ce qui s'est passé par la
                                    memoire

memoire qu'il en a. Or la memoire eſt penſement,
& il meſure par le iugement du paſſé, ce qui eſt à
venir, qui eſt encore penſement ; tellement qu'il
obeyt à celuy qui le monte, non ſeulement pour
éuiter le chaſtiment, mais auſſi pour l'eſperance de
recompenſe : ce qui eſt tres-connu des bons Caualiers.

Il eſt vray que les Cheuaux ne tirent pas leur raiſonnement de A, B, C, comme les hommes : Mais
comme dit le tres-excellent & admirable Philoſo-
phe Monſieur Hobbe, ils peuuent tirer leur raiſonnement des choſes meſmes ; par exemple, ie veux
poſer en faict qu'eſtant à la Campagne, ie voye des
nuées obſcures, des eſclairs, & que i'entende ton-
ner, & que i'aye eſté moüillé vne fois ou deux, apres
auoir obſerué ces choſes ; & que par meſme raiſon
vn Cheual eſtant à l'herbe, aye auſſi eſté moüillé
deux ou trois fois apres ces meſmes ſignes, quoy
qu'il ne connoiſſe & n'entende pas ces mots de
nuée, d'obſcurité, d'eſclairs & de tonnerre ; toutefois il ne laiſſera pas, non plus que moy, de s'en fuïr
ſous les arbres ou autres endroits couuerts, pour ſe
ſauuer de la pluye, auſſi ſages l'vn comme l'autre
en cela : Moy en raiſonnant par les marques, qui
font le langage du raiſonnement ; & luy en raiſonnant par les choſes & hors les choſes, ſans qu'il connoiſſe preciſément ces marques que les hommes
voyent pratiquer ; partant l'on peut faire le iugement de mille autres choſes : il eſt vray qu'vn Che-

Q

ual ne fçauroit faire vne propofition, n'ayant ny
les marques ny la connoiffance de l'A, B, C; & ie
trouue qu'ils ont de l'auantage en cela : car il ne
fçauroit faire vne fauffe propofition comme font
les hommes.

Quelques-vns auffi difent, que fi le Cheual auoit
quelque entendement , qu'il ne fe laifferoit pas
maiftrifer par vn homme; mais lors qu'vn Cheual
maiftrife vn homme, ce qui arriue affez fouuent,
l'homme n'a donc point d'entendement, ce qui eft
faux & plein d'abfurdité; mais il faut dire, pour parler raifonnablemét, que la force maiftrife les hommes auffi bien que les beftes: par exemple, fi le plus
fage & le plus vertueux de tous les hommes eftoit
pris prifonnier par vn Prince barbare, qui le mift
à vne charette proportionnée à fa taille, & qu'il le
fift battre lors qu'il ne tireroit pas à fon plaifir, il
tireroit certes comme vn Cheual ? Quelqu'vn dira
peut-eftre que l'homme à l'entendement fi releué,
qu'il aimeroit mieux mourir que tirer à vne charette, & qu'il fe jetteroit par terre, & fe feroit pluftoft
affommer de coups; ie dis qu'vn Cheual en fera
tout autant : ie croy pourtant qu'il endurera pourtant plus long-temps les coups, que ce genereux
dont nous venons de parler, mais auec cette difference que nous appellons les Cheuaux qui en vfe-
roient ainfi, retifs, & les hommes obftinés; En vn
mot plufieurs hommes font trop fors pour vn Cheual; & plufieurs Cheuaux fauuages font trop diffi-

ciles pour vn homme : Ie finis ces Remarques, en
difant qu'vn Efcolier & vn Cheual fe troublent
beaucoup l'vn l'autre lors qu'ils ne s'entendent pas:
Souuenez vous encor que tout ce que i'ay dit cy-
deffus, n'eft que pour vous montrer qu'il faut trauailler fur la raifon de chaque Cheual ; ce qui me
fait fouuenir d'vn titre que mettoit fort à propos
vn homme qui traittoit de l'Art de monter à Cheual, pour mettre vn Cheual à la raifon.

Autres Remarques pour la main de la bride.

L E col du Cheual eft entre les deux refnes de la
bride, & elles fe rencontrent toutes deux dans
la main gauche du Caualier, lors que le Cheual va
fur les voltes : Si on trauaille ou tire la refne du dedans, cette refne preffe le dehors du Cheual, & le
met fur les hanches, pourueu que l'aide du dehors
fe donne en temps & lieu, ce qui eft bon.

De la refne du dedans attachée au pommeau
de la Selle.

C'E s t la chofe la plus excellente du monde
pour dreffer toutes fortes de Cheuaux, de
quelque âge ou difpofition qu'ils foient, dautant
que lors que la crouppe d'vn Cheual eft dedans, &
qu'il eft fujet à amener ces efpaules dedans, il eft en
eftat d'eftre dreffé, & de bien aller ; il n'y a plus qu'à

Q ij

arrester son deuant de la resne du dedans, & il ira
parfaitement à la soldate : Rendre les espaules d'vn
Cheual soupples est le tout, ce que l'on ne sçauroit
trop faire, dautant que les Cheuaux ayans pour l'ordinaire tous le col roide, il leur faut plier le col
crainte qu'ils ne se rendent entiers.

Autre Remarque.

VOvs auez pû considerer tant de raisons, &
veu si souuent que tout nostre trauail est de
mettre vn Cheual sur les hanches : mais ie desire encor que vous en appreniez vne en ce lieu, qui est la
principale de toutes. Conceuez donc que la crouppe ou les hanches du Cheual ne portent rien que sa
queuë, qui est fort legere ; mais ces espaules ont
bien plus de charge à porter, qui est son col & sa
teste ; c'est pourquoy on se trauaille tant à le mettre
ou s'asseoir sur les hanches, pour contre-peser &
soûlager ses espaules, afin de le rendre leger à la
main. Remarqués encor qu'il ne faut pas perdre
courage lors qu'il se deffend, car c'est marque de
force, d'esprits & de vigueur ; & vn Cheual qui a
force, esprits & courage, se peut facilement dresser s'il est sous vne bonne main, & des tallons sçauans ; au lieu qu'vn Cheual qui ne resiste iamais, té-
moigne sa foiblesse, langueur d'esprits, & manque
de cœur : Or il est bien difficile à l'Art de suppléer à
la Nature lors qu'elle est deffectueuse : pour moy ie

n'ay veu que bien rarement de Cheual de force,
qui ne se soit beaucoup deffendu : En le dreſſant,
i'auoüe qu'il ira quelquefois, mais contre ſa volonté & à regret, mais il ne fera rien de libre ny bien
aſſeuré, iuſques à ce qu'il ſoit venu à la perfection
de ſon maneige: Vous tiendrez donc pour aſſeuré,
qu'il n'y a gueres de Cheuaux qui ne reſiſtent, & qui
ne taſche tout le temps que l'on les dreſſe, à ſuiure
leurs propres inclinations, & non celle du Caualier,
dautant que la ſubjetion n'eſt point agreable aux
Cheuaux, ny à qui que ce ſoit, non pas meſmes aux
hommes, & ils n'obeïſſent que parce qu'ils ne peuuent faire autrement : il n'y a que la couſtume à
obeïr qui rende vn homme ſouple & vn Cheual
dreſſé ; mais il eſſayera toutes les voyes poſſibles
pour éuiter la ſubjetion ; & lors qu'il ne trouuera
plus d'eſchapatoire, & qu'il ne verra plus de iour à
pouuoir deſobeïr, il ſe rendra à raiſon ; de ſorte
qu'on ne luy aura pas grande obligation de ſon
obeïſſance. Vn Eſcuyer Italien eſtant vn iour comme deſeſperé d'vn Cheual qui luy deſobeïſſoit con-
tinuellement, diſt à la compagnie, en donnant ha-
leine à ce méchant animal, ie croy que ſi le plus ſage homme du monde eſtoit mis en la forme d'vn
Cheual, auec ſon entendement ſuprême, il ne pourroit pas inuenter plus de ſubtilités, ny de nouuelles
malices à ſe deffendre du Caualier, que fait vn Cheual ; d'où ie conclus qu'il faut qu'il ſçache qu'il eſt
ſon Maiſtre, c'eſt à dire qu'il le craigne, & lors il

luy obeïra , ce qui eſt eſtre Cheual dreſſé ; eſtant
vray que toutes les regles de noſtre Art ne ſont que
pour rendre noſtre Cheual ſubjet au ſens du toucher , qui ne conſiſte à autre choſe qu'à ſentir la
main & les tallons ; c'eſt à dire auoir la bouche &
les coſtés ſenſibles , comme i'ay deſia dit ailleurs ,
& qui eſt la vraye pierre de touche ; car il ne doit pas
manier par le ſens de la veuë , qui eſt la routine du
pilier , ny par le ſens de l'oüie , qui eſt le bruit de la
chambriere , ou la crainte d'icelle , mais ſeulement
par le ſens du toucher , qui eſt noſtre but , & encor
le toucher de ces deux endroits , qui ſont la bouche
& les coſtés : La veuë eſt à la verité toute l'induſtrie
à enſeigner aux Cheuaux quantité de ruſes & ſubtilités que les ignorans admirent ; mais il n'en eſt pas
ainſi du maneige , car tout ſe fait par le ſens du toucher , comme i'ay dit , & auec tant d'Art , d'eſprit ,
de iugement & d'experience , joint aux diſpoſitions
diuerſes des eſprits , & du naturel des Cheuaux , que
ie ſouſtiens que peu d'hommes ſont nés pour eſtre
capables d'eſtre Eſcuyers.

　　Ie diray encor que les Cheuaux ont leurs paſſions
comme les hommes , quoy que differemment ils ont
l'amour , la haine , l'appetit de vengeance , & meſme l'enuie.

　　Et ie puis meſme aſſeurer que i'ay peu veu de Caualiers colere l'emporter par leur paſſion au deſſus du Cheual , au contraire le Cheual en auoit toû-
jours du meilleur ; la raiſon de cela eſt , que l'enten-

dement le plus foible eſt touſiours le plus paſſion-
né : Que ſi cela eſt vray le Cheual le doit emporter,
puis qu'il eſt le plus foible ; En entendement, il doit
touſiours y auoir en cét Art vn homme & vne beſte:
En paſſion, mais non pas deux beſtes ; & vn bon
Eſcuyer ne ſe doit iamais faire voir en colere contre
ſon Cheual, mais le châtier ſans ſe faſcher, comme
ayant vn iugement bien au deſſus de luy : Si le Caualier bat ou picque ſon Cheual, en la maſtinant &
deſeſperant, le Cheual luy répondra en ruant &
faiſant des eſquippées extraordinaires : De vray, ne
voyons-nous pas que les hommes, lors que c'eſt par
ieu, s'entredonnent des coups ſans ſe faſcher ; mais
lors qu'ils ſont en colere, le moindre mouuement
cauſe vn dueil : Il en eſt de meſme du Cheual, s'il
connoiſt que l'on ſe faſche contre luy, il formera
vne querelle ; & lors que l'on le flattera, & qu'on le
traittera doucement, il prendra tout en bonne part,
& ne ſe faſchera iamais : ſi bien que la grande patience & la douceur eſt l'vnique ſecret pour dreſſer
les Cheuaux. Il eſt pourtant vray que la patience
ne dreſſera iamais vn Cheual ſans la connoiſſance,
& la connoiſſance auſſi ne le pourra pas dreſſer ſans
la patience ; il le faut donc traitter doucement, &
ne prendre que la moitié de ces forces ; mais c'eſt
vne choſe difficile, car s'il ſe met en deffence, où il
luy faut ſouffrir d'eſtre le Maiſtre, où bien il faut
tout entreprendre ſur luy pour le reduire ; car ſi on
le laiſſe eſtre Maiſtre, c'eſt vn Cheual gaſté ; donc

s'il obeïſt & ſe rend tant ſoit peu , il faut incon-
tinant deſcendre & le carreſſer fort ; mais s'il ne ſe
rend point, il faut pluſtoſt attendre à vn autre ma-
tin, que de le rebutter & gaſter , & ainſi le reduire
au petit pas, mélant la douceur auec l'aide , & les
chaſtimens legers , & vous apprendrez par cette
douceur, patience , & belle methode à bien dreſſer
vn Cheual , tant pour le vray vſage , que pour le
plaiſir.

DV

DV SOIN, DE LA PENSE'E

*& de la reflexion que doit faire le prudent &
gentil Cauallier quand il se prepare pour monter à Cheual, & particulierement lors que ce
sera en public.*

L est vray de dire, que tout homme
prudent & bien sensé, ne doit ja-
mais faire, ny s'engager en quelque
action que ce soit, sans que premierement il ne fasse vne reflexion
exacte sur ce qu'il a dessein d'entreprendre. C'est
cette meditation qui m'a obligé de faire encore ce
petit mot d'auis, & le donner à mon Lecteur,
en luy faisant voir, que l'action de monter à Cheual n'est pas de moindre importance que les autres, puis qu'elle se pratique pour l'ordinaire en
presence des Rois & des Princes, & d'vne grande
affluence de peuple, qui compose vn public, pour
considerer, & bien souuent censurer nos actions,
pour en tirer leur auantage.

Afin donc que l'ambition ou l'émulation que
nous pourrions auoir dans cette pensée de paroistre
plus que nous ne sommes, ne nous puisse emporter à faire des extrauagances à Cheual, plustost que

R

des actions douces & moderées, en entreprenant
plus fur le Cheual que fes forces ne le pourroient
permettre, ou en commettant des emportemens
illicites & mefféens au Caualier, il faut que fa premiere penfée & reflexion foit d'auifer à trauailler
fi judicieufement, qu'il refte en vn fens fi raffis,
qu'il ne luy laiffe qu'vne petite chaleur & enuie de
bien faire, qui doit eftre permife & fouffrable à
tous les honneftes gens.

Et en effet, ce que ie viens de dire eft tres-raifon-
nable, dautant que de cette action dépend noftre
honneur, noftre gloire, noftre reputation, & quelquefois, felon les occafions qui peuuent arriuer
du peril d'eftre bleffé, & mefme de noftre vie.

Il eft important pour noftre honneur, dautant
que fi nous faifons des manquemens extraordinaires en ce rencontre, nous fommes infailliblement
le joüet & la rifée de tout le monde de noftre gloire. Si nous paroiffons adroits, prudens, ciuils, bien
retenus, & fans abufer par vne vaine gloire des
loüanges que l'on nous donnera, après auoir bien
reüffi à rencontrer le Cheual que nous auons trauaillé de tel air que ce foit.

Et encore de noftre reputation, puis qu'eftant
tres-vray que n'étans pas partizans de nous-mêmes,
il ne fuffit pas, pour auoir vne entiere reputation,
que nous foyons effectiuement bons hommes de
Cheual, mais il faut, pour en poffeder le titre auec
fruit & éminence, que nous ayons des amis, des

partifans , & des approbateurs ; & encore de l'efti-
me qui nous faffe connoiftre pour tels d'vn chacun.
Et voilà ce qui eft en effet la veritable reputation.
Pour ce que i'ay dit du danger qu'il y a quelquefois , & du peril, iufques à courre rifque de la vie;
l'experience ne nous l'a que trop fait voir dans nos
Academies, & de noftre temps, à des perfonnes d'e-
minente qualité, que l'on me difpenfera de nommer par difcretion deuë à ceux de ma profeffion.

Mais afin de ne m'écarter pas du deffein de cét
Auis , qui a pour principal but la reflexion &
le iugement.

Il faut en fuitte de la premiere, dont i'ay parlé cy-
deuant, en auoir encore d'autres que ie diray, comme celle de penfer que le Cheual peut eftre, ou doux,
ou méchant, ou difficile au monter ; ou quoy qu'il
ne fuft pas ny l'vn ny l'autre, il peut eftre fringand,
gaillard, & tellement orgueilleux & fougueux par
le repos & fa propre gentilleffe, que faifant reflexion fur toutes ces chofes , tu ne le dois point faire
fortir, pour le monter, que tu ne luy faffe mettre
les lunettes pour raifons.

La premiere, il en paroift plus noble & plus glorieux, lors que l'on luy donne la liberté de la veuë,
qu'étant deffus. La feconde, que le Caualier a la liberté entiere de s'approcher de luy, auec la commodité de confiderer à fon plaifir s'il eft bien &
iuftement feellé & bridé ; fi les fangles & le furfaits
font en leur place, fi les hardellons ne paffent les

quartiers, ce qui pourroit déchirer les bottes , &
blesser la iambe ; si ladite selle n'est point trop en
auant, ou en arriere.

Pour la bride, il faut voir que le mors ne soit ny
trop haut, ny trop bas; & pour cette connoissance,
il faut faire cette reflexion, & dire; s'il est trop haut,
il fera froncer la lévre du Cheual, & luy fera ouurir par trop la bouche , & ainsi l'incommodera
beaucoup : S'il est trop bas, il tombera sur les crochets, & outre qu'il l'incommodera encore, il ne
pourra faire aucun bon effet; donc , il faut prendre
le milieu, & le mettre en sorte qu'il ne fasse pas froncer la lévre , & qu'il soit aussi l'épaisseur d'vn écu
au dessus du crochet. Il faut aussi voir exactement,
auant monter à Cheual , que la gourmette batte
bien en son lieu, sans qu'elle puisse incommoder la
sous-barbe , & que les crochets ne pincent pas les
lévres du Cheual.

Il faut encore voir que la sous-gorge ne soit pas
trop lasche, ny aussi trop serrée, crainte d'empê-
cher le respir au Cheual.

Pour la muserolle , il faut qu'elle soit plûtost
serrée que lasche, & principalement aux Cheuaux
qui ouurent la bouche, ce qui est empesché par la
muserolle bien serrée.

Il faut encore faire reflexion sur cecy ; sçauoir,
que tous les Cheuaux ne sont pas tousiours docil-
les, & que pour éuiter le desordre, & faire cette
action de monter à Cheual auec iugement & bonne

grace : il faut en montant à Cheual obferuer ce que
ie vais dire.

Le Palfrenier doit tenir le Cheual du cofté droit,
afin de pouuoir eftre Maiftre du Cheual, en le tenant de la main droite par les fouftenans de la teftie-
re, afin qu'il puiffe tenir l'eftriuiere de la main gauche, pendant que le Caualier doit s'approcher doucement du cofté gauche, que l'on nomme le cofté
du montoir ; & ainfi il fe rendra maiftre de la refne
gauche, ce qui l'empefchera d'eftre bleffé par le
Cheual, ny du derriere, ny du deuant.

Apres quoy il laiffera adroitement couler ladite
refne iufques à la hauteur du pommeau de la Selle,
où il rencontrera la refne droite, qu'il affemblera
auec iufteffe, auec la gauche qu'il mettra felon l'ordre dans fa main gauche, puis prenant l'eftrieu de
la main droite, il y mettra le bout du pied gauche,
& ayant la tefte droite & haute, fans la laiffer pan-
cher fur l'arçon de deuant, il portera la main droite fur l'arçon de derriere, & s'efleuera fi ferme & fi
iufte, que la iambe droite n'incommodera point le
Cheual, en paffant la iambe droite pour fe bien
placer dans la Selle, fans toucher à la crouppe du
Cheual, où eftant logé, il s'ajuftera fur les eftrieux,
comme auffi dans l'égalité des deux refnes, pour
enfin prendre la belle affiette, & viendra au lieu
du maneige, pour y trouuer ceux deuant lefquels
il doit ou defire trauailler fon Cheual ; Et c'eft en
ce lieu là où il eft neceffaire qu'il redouble ces re-

flexions , & principalement felon la qualité des
perfonnes deuant lefquelles il faut qu'il trauaille,
tant en confideration de leur qualité, que de l'honneur qu'il voudra ou deura rendre à ces fpectateurs;
dautant que tout le monde ne demeure pas d'accord de la maniere de laquelle on doit trauailler deuant les perfonnes de grande qualité , ou de ceux
aufquels on doit, où l'on veut tout defferer, à caufe
du refpect que l'on leur porte.

Il y en a qui veulent que le Caualier faffe manier
fon Cheual fi-toft qu'il eft en prefence, difans que
cela eft ennuyeux aux Grands de voir paffager vn
Cheual.

Pour moy, n'en déplaife à ceux qui font cette
obiection, & qui difent pour la fouftenir, que tous
ceux qui ioüent deuant les Roys & les Princes , de
tel inftrument que ce foit, qu'ils le tiennent toufiours preft & tout accordé , afin de ne dégoûter
perfonne.

Ie répons qu'il n'en eft pas de mefme, & fans mé-
prifer ces excellens hommes qui fçauent fi delicatement pincer les cordes, qu'ils font veritablement
dignes d'admiration ; Ie diray pourtant qu'ils ne
font pas voir leur fcience en accordant leur luth,
ou autre tel inftrument defquels ils fe feruent ; &
ie confeffe mefme que cela eft en quelque façon
auffi ennuyeux que defagreable.

Mais au contraire ie fouftiens, & auec raifon ,
qu'outre le bon Caualier montre fa parfaite fcien-

ce en preſſageant ſon Cheual, qu'il donne encor
du plaiſir & de l'admiration tout enſemble à ceux
qui voyent & qui conſiderent tant l'adreſſe du bon
Caualier, que l'obeïſſance entier d'vn animal, qui
n'a pour raiſon que la grande habitude que le bon
Caualier luy a ordonnée, outre que cela tient vn
peu de l'eſtourdy de faire ſi preſtement manier vn
Cheual ſans luy auoir fait connoiſtre ce que l'on
luy demande; ſi bien que l'on peut, deuant qui que
ce ſoit, promener vn peu ſon Cheual du moins iuſques à ce que l'on connoiſſe qu'il s'anime, & qu'il ſe
prepare de luy-meſme.

Apres quoy le Caualier doit encor penſer à n'a-
buſer non plus des forces du Cheual que de ſon ha-
leine, ſans luy demander auſſi ce qu'il ſçait bien,
qu'il ne peut pas tirer de luy; & ſur tout ſans le battre & outrager que le moins & le plus rarement
qu'il pourra; & encor que ſa mine ou ſes geſtes ny
ſes paroles ne faſſent paroiſtre aucune vanité ny
vanterie, quoy qu'il aye tres-bien réüſſi : C'eſt ainſi
que le Caualier bien fait & bien nay doit faire pour
rendre la Compagnie ſatisfaite, & pour paroiſtre
auſſi bon homme de Cheual, comme il a parû ſage
& prudent.

F I N.

EXTRAICT DV PRIVILEGE
du Roy.

LE Roy par ſes Lettres Patentes , données à
Paris le vingt-deux Nouembre 1662. ſignées
GVITONNEAV , & ſcellées du grand ſceau de
cire jaune; A permis à IACQVES LE GRAS, Mar-
chand Libraire à Paris , d'imprimer *La maniere de
bien Emboucher les Cheuaux* , *par le Sieur de Beaurepere,*
& ce pendant le temps de ſept ans: Et deffences ſont
faites à toutes perſonnes de quelle qualité ou con-
dition qu'elles ſoient , d'imprimer , vendre & de-
biter ledit Liure, ſur peine de douze cens liures d'a-
mende , confiſcation des Exemplaires , ainſi qu'il
eſt plus à plain contenu eſdites Lettres.

Les Exemplaires , portez par ledit Priuilege , ont
eſté fournis.

Acheué d'imprimer le dernier Ianuier 1663.

Regiſtré ſur le Liure de la Communauté, ſuiuant
l'Arreſt de la Cour. DV BRAY , Syndic.

www.ingramcontent.com/pod-product-compliance
Lightning Source LLC
Chambersburg PA
CBHW050025100426
42739CB00011B/2795